看圖就懂

輕鬆透過圖解，快速掌握
世界通用的基礎素養學識！

U0005032

世界通用
的素養
學識

2 小時就能吸收！

福田和也 監修
李雅婷、kuri 譯

晨星出版

雖然無法立刻達成效果，但總有一天會有派得上用場的時候。

想要「成為有學識素養」的人是不是意外地多呢？實際上，在學識素養上並不存在著「沒錯，就是這個了！」的科目，它也與具專業性的高等知識不同，是沒有辦法立即見效的。

有關學識素養的事情稱之為「liberal arts」（博雅教育），而源頭則需要追溯至希臘羅馬時代。「liberal」意為自由，「arts」為學問之意，若能習得的話，就能變成「讓人們自由的學問」。

學識素養已經是現代世界大學教育的共通學問。若能掌握學識素養，與人溝通的時候，就能因為擁有共通話題而有效地達成共識。雖然學識素養的範圍廣泛，但透過尋找與世界串連的共通點，本書中將主題縮小為八個。

宗教……雖然在日本有許多無信仰者，但是世界上至少有一半以上的人們信仰某種宗教。

哲學……久遠的古代，當一切都被認為是源自上帝的力量時，哲學誕生了。將為大家解讀哲學家們不斷變遷的思想。

宇宙……科學源自於規律的月亮盈缺及太陽的運動。讓我們更了解自己居住的世界吧！

歷史……從世界史及日本史這兩個觀點出發，追尋人類的軌跡。培養作為知識基礎背景的學識吧！

經濟⋯⋯人們為了生存而進行著某些經濟活動。能了解經濟的話,將愈能看透世界。

美術⋯⋯美術不斷交織著流行與復古思潮,是愈瞭解就覺得愈有趣的事物。

音樂⋯⋯隨著時代的變化,人們追求的及所演奏的音樂也跟著改變了。我們將追尋這個變遷軌跡。

發明⋯⋯最初,人類是沒有任何工具在手的。我們所編織成的歷史,也可以說是發明的歷史。

　　本書將會說明以上八個主題,雖然無法將全部內容涵蓋在內,但已足夠培養社會人士汲取「這是不可或缺」的學識素養。內容用易於理解的方式幫助閱讀,伴隨著時代腳步,學習到各個主題中關鍵人物的主張和想法。另外,由於使用大量插圖並以視覺上較容易理解的方式構成,能夠輕鬆輸入腦袋並理解。

　　文章開頭也提到了,教養不是馬上就能派上用場的東西,但是,如果掌握了廣博的學識素養,總有一天會發現很有益處,而且,或許就剛好是在人生的轉捩點等重要局面的時候用上,如果本書能助你一臂之力的話就太好了。

輕鬆透過圖解，快速掌握
世界通用的基礎素養學識！

世界通用的素養學識

目次

Chapter 3
宇宙

Chapter 4
歷史

Chapter 5
經濟

Chapter 6
美術

Chapter 7
音樂 ♫

Chapter

1

World's liberal arts
mirudake notes

宗教
Religion

宗教的意義為何？

在科學不發達的古代，有很多事情是無法解釋的。
由於在嚴苛的自然環境中，連生存都不是件容易的
事，所以我們便尋求超越人類所知的答案。這就是
「神」的誕生，並延伸到「宗教」的開始。

宗教 01 猶太教

很久很久以前，猶太教誕生於中東，它是一個擁有長久歷史的宗教，同時也是基督教及伊斯蘭教的根源。

猶太教為民族宗教，據說於西元前約 1200 年左右由先知摩西（Moses）與上帝締結立約而成的。現今半數的猶太教教徒生活於以色列，將**耶和華**奉為唯一的真神，相信耶和華為天地的創造者，遵從耶和華的教義，也就能保護猶太民族。在猶太教中，**猶太人被認為是與上帝立約交換的特別民族**，所以對於罪惡的罰則、生活規範有著嚴格的準則。

猶太教是猶太人的宗教

西元前 1200 年左右，
猶太人在埃及受到了迫害。

上帝選擇了領袖摩西傳播猶太教。

埃及

住手～

猶太人走開！

去約定的地點
迦南吧！

摩西

出發吧！

也是有
阿拉伯人的唷。

以色列

以色列是
猶太人的國家。

不吃
章魚

不吃
豬肉

要遵守
教義喔。

猶太人長時間遭受迫害，
最後於 1948 年在以色列建國。

在現今也守護著「尊敬父母」、「不隨意的唱述上帝的名字」等各式各樣的戒律。

宗教 02 基督教

相對於猶太民族才能信仰的猶太教而言，寬容的基督教在全世界廣受信奉。

基督宣講：「信神者必得救，在上帝面前，人人平等。」但此教義與猶太教認為只有猶太民族能得到拯救的律法產生對立，最後在各各他山（Calvary/Golgotha）受到了處刑。但在猶太教中存有世界必將終結的末日論，所以有些人認為被處決的基督是救世主，**將他視為上帝之子來信奉**，自此信徒也增加了。

基督教的傳播

是在馬廄出生的唷！

在上帝的面前人人皆平等。

西元前 4 年左右，耶穌出生。

29 歲左右，開始傳道。

30 歲左右，被釘死在十字架上。

我想以耶穌的教義來拯救眾生。

末日好可怕呀！

透過保羅的傳教活動，基督教得以向外拓展。

曾與耶穌為敵的猶太教徒保羅歸信基督後，開始傳教。

宗教
03 耶穌基督

耶穌基督是上帝的獨生子,「耶穌」為名,而「基督」則有得救之意。

耶穌是巴勒斯坦・加利利地區拿撒勒的木工約瑟與瑪利亞的兒子,於30歲左右在約旦河岸由約翰施洗。在那之後,耶穌開始傳道,由於世界末日與神國降臨的日子即將到來,人們需懺悔罪過並遵從上帝的教誨。他帶著12名門徒一同前往耶路撒冷,**卻被猶太教領袖指控為叛國罪,在各各他山上以十字架處刑,但是三日後便復活成為救世主。**

耶穌的一生

天使加百列降臨並告知了童貞女瑪利亞她懷孕的消息。

耶穌誕生了!

你也接受洗禮吧!

耶穌於30歲的時候接受了約翰的洗禮。

大家一同前往耶路撒冷吧!

耶穌的行為遭到猶太教領袖的強烈反對,將他處以十字架極刑。

耶穌處刑後三天便復活了。

宗教 04 舊約與新約

「約」指的是「契約」的意思,而《新約》是基督教的聖書,《舊約》則是猶太教的舊時約定之意。

《新約》中有四本福音書:〈馬太福音〉、〈馬可福音〉、〈路加福音〉及〈約翰福音〉。福音是指「好的消息」,也傳遞了耶穌的話語。另一方面,《舊約》被基督教徒視為猶太教的聖書,是記載著舊時約定的書本。只是,**對於猶太教徒來說聖書只限於《舊約》,因為他們不承認《新約》的存在**,在猶太教徒面前提及「新約聖經……」而被討厭的情況也很常見。

舊約與新約的差異

馬太、馬可、路加、約翰為耶穌的弟子。他們一邊偕同耶穌參與傳教活動,一邊將其言行記錄統整,此刊物即為《四福音書》。

即便是現在,對於猶太教徒來說所謂的聖經僅限於《舊約》,並不承認《新約》的存在。

宗教 05 佛教

西元前 5 世紀左右，佛陀（釋迦）在沒有老師的情況下，獨自在印度創立宗教——佛教。

佛教誕生源自祖師佛陀（釋迦）批判了身分制度（種姓制度），其為古印度教中的婆羅門教之下的產物。**教義主揭從生活苦難的輪迴中解脫為目標。**傳至日本是在西元538年，時值飛鳥時代。佛教與基督教、伊斯蘭教並稱為世界三大宗教，信徒數量僅次於印度教位居第四位，推測約有4～5億人。

釋迦（悉達多）的一生

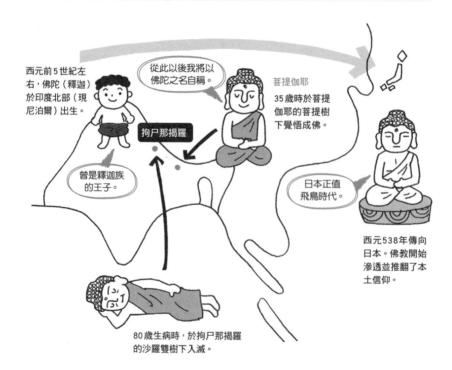

西元前5世紀左右，佛陀（釋迦）於印度北部（現尼泊爾）出生。

曾是釋迦族的王子。

從此以後我將以佛陀之名自稱。

拘尸那揭羅

菩提伽耶

35歲時於菩提伽耶的菩提樹下覺悟成佛。

日本正值飛鳥時代。

西元538年傳向日本。佛教開始滲透並推翻了本土信仰。

80歲生病時，於拘尸那揭羅的沙羅雙樹下入滅。

宗教
06

佛陀

佛陀以釋迦族王子的身分誕生於現今尼泊爾藍毗尼（Lumbini）。16 歲時結婚，並於 19 歲時出家。

有傳說指出佛陀誕生之際，右手指天，左手指地，以「天上天下，唯我獨尊」作為宣言。以佛陀這個人物做為象徵的故事中，他到 29 歲為止都過著富裕的生活，然而，在看人們遭受「生老病死」之苦後決定出家。他不像基督最後成為神之子，**而是強迫自己苦行，最後在菩提樹下覺悟，找到了解脫的辦法以使自己從痛苦與迷惘中覺醒，也為了人們的生存之道做出指引。**

因四門遊觀決定出家

天上天下，唯我獨尊。

啊！

我要出家！

為什麼要丟下我們呢？

29 歲時佛陀遺棄了家人，選擇出家。

傳說佛陀出生沒多久後走了 7 步，用右手指天，左手指地，並說：「天上天下，唯我獨尊」

重點小筆記

在東西南北各個門與老人、病人、亡者、修行者相遇後，決心面對苦難並得到開悟而出家的傳說稱之為「四門遊觀」。

在終老、生病、死亡的悲痛之前，遇見冥想的修行者而被打動了內心。

宗教
07 輪迴

輪迴是指在這個世上出生的所有人，死後都會以其他形式面貌繼續轉世重生的觀念。

原本婆羅門教和印度教中也有輪迴的觀念存在，但那是為了鞏固種姓制度。而在佛教中之所以被人們接受，是由於這並不是一個被永固的想法，若累積了功德可以到更好的世界轉世重生，但若做了壞事則會被貶入較低階的世界中。輪迴是不管幾次的重生後仍得遭受苦難，不過**可以透過修行達到開悟，並從輪迴中解脫。**

佛教的輪迴轉世觀念為何？

根據佛教經文，人們相信重生轉世的世界會根據生前所做的事情而有變化。重生轉世所到的世界是死後每7天一次，共進行7次的審判所決定，會於第49天決定轉世地。

宗教 08 儒教

儒教是孔子的教學想法，闡述了有關人類的生活方式和道德的一門思想，並由孟子等人開始發展。

西元前6世紀的中國時值春秋戰國時代，是一個以周朝分裂作為開端的戰亂之世。出生於這個世代的孔子以堯、舜、文王、武王等古代君主的思想作為理想，**透過重視禮節與實踐仁德去守護上下關係的秩序，並抨擊以武力治國**。他主張應該以君子之德統治天下。《論語》是孔子去世之後才被編纂的書籍，對日本與其他東亞各國產生了很大的影響。

宣講禮節的孔子

「仁」是表示愛人的心。

媽媽您沒事吧？

愛著父母。

聯繫人與人的關係重要的是愛與禮儀！

還好嗎？

對他人的同情心。

哥哥！

儒教的根本是「以仁與禮作為基礎進而實現理想中的社會」。「仁」是展現出人類的愛，「禮」是一種社會上的規範，當在各式各樣的場面中表現出「禮」的話，就能實現「仁」，也能保有道德。

孔子

您的錢包掉了。

尊敬兄長的心。

不欺瞞自己。

透過「禮」的實踐，孔子認為每個人的內心可以用「仁」來維護。

印度教

西元前 1500 年左右，雅利安人入侵印度，並經由吸收本土宗教，開創了這個不存在創始人的宗教。

印度在梵語中是指印度河。原型是以祭司婆羅門的儀式和獻給諸神讚歌的吠陀為核心，**為了對抗興起的佛教，婆羅門教融入了本土宗教元素，形成了印度教**。教義中以森羅萬象為信仰，其中又以毗濕奴、濕婆、梵天為最高主神。在日本則是以大黑天、弁財天、毘沙門天之名傳入。

印度教的成立

婆羅門教吸收各式宗教元素後，成立了印度教。

我主張放棄苦行

佛教

祭司是最偉大的存在。

苦行是重要的！

耆那教

人死後是會轉世重生的。

奧義書

婆羅門教

西元前 1000 年左右，成立了婆羅門教。

印度教

西元前 3 世紀左右成立的印度教。

宗教 10 神道

> 神道是奉天照大御神為首的日本本土宗教之一，並以神話、
> 八百萬神與自然崇拜為基礎所建立的多神教。

神道（亦稱神道教）並不像佛教或基督教存在創始人，也不具佛經或聖經般的教義可以傳誦。《古事記》與《日本書紀》中記載著，伊邪那岐的左眼所誕生的天照大御神是兼具太陽神與巫女的元素存在的。據說眾神是寄宿於世間萬物中，現代雖然轉化成如應試、良緣或是生意興隆等世間的利益為標的之「仰賴神明」的祈願，**但祖先崇拜或是淨化汙穢等儀式亦很重要。**

在神道中神的存在

據說眾神宿於世間萬物之中。江戶時代中期，日本國學家本居宣長曾說：「龍、樹靈、狐狸的同類也能成為神」

位居眾神中的最上位。

天照大御神

龍

狐狸

水

火

樹靈

宗教 11 伊斯蘭教

伊斯蘭教是受猶太教及基督教影響的一神教，以阿拉為真主，《可蘭經》為其聖典。

西元7世紀時，穆罕默德（Muhammad）於麥加進行冥想，遇見大天使加百列，並受到了阿拉的啟示。加百列是向耶穌的母親聖母瑪利亞報喜的天使。穆罕默德將加百列賜予的話語留下成了《可蘭經》。裡頭刊載了關於神的話語、最後的審判、甚至天國與地獄的生活規則。**阿拉與上帝同為「神」的意思，由於反對偶像崇拜，而不存在樣貌形象。**

可蘭經的內容為何？

想要傳達預言給您。

西元 610 年左右，穆罕默德從天使加百列接收了真主阿拉的預言。

我並不是神，但我將以預言家的身分傳遞來自神的話語。

由於當時禁止偶像崇拜，穆罕默德的臉部是被禁止描繪出來的。

可蘭經的主要條例。
- 伊斯蘭教教徒的心得。
- 一天五次參拜的方法。
- 關於女性的著裝。
- 何時齋戒以及方法。
- 如何結婚與離婚。

把來自加百列的話語流傳下來。

《可蘭經》中，阿拉是唯一的神。

遜尼派與什葉派

伊斯蘭教的創始人穆罕默德死後，因繼承人之爭分裂成遜尼派（Sunni）與什葉派（Shia）。這兩派的關係有辦法修復嗎？

從穆罕默德開始的第五代指導人選出時，分裂成主張應該追隨前一代阿里的「什葉·阿里」（阿里的追隨者），與應該重視伊斯蘭習慣的「遜尼」（阿拉伯語意為慣行）。分裂狀態持續了 1,400 年以上。兩派的教義以及儀式沒有太大的差別，而什葉派中承認少數的偶像崇拜。**遜尼派占了伊斯蘭教徒人數中的 85%。**

遜尼派與什葉派的分布

◩ 遜尼
◪ 什葉

> 我們崇拜偶像吧！

> 女性伊斯蘭教徒外出時，需要披著被稱為罩袍（Chador）的黑色織物覆蓋身體。

> 禁止神的畫像與偶像！

什葉派

遜尼派

重點小筆記

現代伊斯蘭教國家中，遜尼派占了 85%，而什葉派主要分布在伊朗。

關鍵詞及關鍵人物
補充說明

宗教

☑ 關鍵詞
耶和華 (P.12)

《舊約聖經》與《新約聖經》中唯一的神之名。教義中不能隨意地傳唱這個名字。也譯成雅威，或是亞呼威。

☑ 關鍵詞
婆羅門教 (P.16)

印度教的起源，是印度宗教中最古老的宗教之一。也成為印度的哲學思想與社會制度的基石。

☑ 關鍵詞
末日論 (P.13)

認為歷史是有終點，且世界是正朝著末日前進的一門思想。

☑ 關鍵詞
天上天下，唯我獨尊 (P.17)

據說是佛陀出生時所出現的話語。在佛教中有一説法：「不管是在天上與天下，只有我們人類是珍貴的存在」。

☑ 關鍵詞
約翰 (P.14)

聖經中有多位「約翰」登場。替耶穌洗禮的是「施洗約翰」，是耶穌的遠親。

☑ 關鍵詞
種姓制度 (P.18)

是婆羅門教的身分制度。分為婆羅門（Brahmans）、剎帝利（Kshatriyas）、吠舍（Vaishyas）、首陀羅（Shudras）四種階級。

☑ 關鍵詞
《福音書》 (P.15)

記載了耶穌基督的教義與生平的聖書。成書的順序被認為是依馬可、馬太、路加、約翰所排序。

☑ 關鍵詞
《論語》 (P.19)

為儒家創始人孔子死後由其弟子們所記錄的刊物。與《孟子》、《大學》、《中庸》並稱為朱子四書。

毗濕奴 (P.20)

印度教的神。作為維護之神,當世界遭受威脅時,會以各式各樣的化身出現在世間。作為神像描繪出來時,有著一身藍皮膚及四隻手臂。

濕婆 (P.20)

印度教中最具有影響力的神。以宇宙的原理支配著一切,例如創造、破壞、再生等等。

《古事記》、《日本書紀》 (P.21)

記述日本的神話及歷史的刊物。《古事記》與《日本書紀》並稱「記紀」。

穆罕默德 (P.22)

伊斯蘭教的創始者。亦有不同語言音譯成「Mahomet」。是繼摩西及耶穌等人,成為最後且位居最上位的預言家。

《可蘭經》 (P.22)

穆罕默德死後,被彙整出的伊斯蘭教聖書。章節的區分以114個蘇拉(阿拉伯語,sūrah)來稱呼,記載關於天地的創造、末日的世界觀、道德及倫理。與《新約聖經》及《舊約聖經》有很多共通點。

阿里 (P.23)

伊斯蘭教什葉派的第一代領導人,也是與遜尼派產生對立的開端。教義上並沒有太大的差別,現今仍對立的原因則以經濟問題為主。

Chapter

2

World's liberal arts
mirudake notes

哲學
philosophy

探索哲學家們所 主張的萬物原理

世界上各式各樣的事物，被認為是由眾神所創造的。然而開始有人質疑傳統的宗教解釋，他正是古希臘哲學家泰利斯（Thales）。從那之後，哲學一直延續到現代，也持續發展著。

哲學 01 水是萬物的根源

從現代觀點來看、「水是萬物的根源」這個說法是說不合理的，但在當時來說可說是劃時代的開始。

對古時候的人來說，像是下雪、下雨等無法解釋的事物會被當成是神的力量，於是世界上誕生了各式宗教。在這之中，古希臘的賢才泰利斯主張了「水是萬物的根源」一說。他認為地球上的萬物都是由海水形成與滅亡。姑且不論這個假說的真假性，**一直以來只以神話的解釋作為萬物的起源，而此理論的出現，可以說是理性思維第一次誕生的瞬間。**

「是什麼呢？」作為哲學的出發點

古代將沒辦法說明的事物推論為神的力量所產生。
然而泰利斯認為萬物的起源並非神而是水。

蘇格拉底

蘇格拉底（Socrates）探索真理的基本概念是持續地追問「知道，是什麼呢？」，同時被定位為哲學的始祖。

蘇格拉底總是提出「知道，是什麼呢？」這是一種被稱為「反詰法」的手法。透過自身從「什麼都不懂」的立場，進而向對方提出多次疑問，並**從對方的回答與認知中產生出潛藏的矛盾點與未知的一種方法**。於是產生了結果──「知道自身不知道的事物（自知無知）」，也就是展現出了「由自身發現自己所不知道的事物」的態度作為哲學的出發點。

蘇格拉底所進行的問答法

「水果」是什麼呢？

「樹的果實」是什麼呢？

那個是什麼呢？

「甜甜的」是什麼呢？

是蘋果！

哎呀！！！

「不會辣的」是什麼意思呢？

蘇格拉底以提出多重疑問的「反詰法」，揭露出答問者所抱持的主張中含糊不清之處。

柏拉圖

哲學
03

柏拉圖（Plato）反對「人都是不同的」相對理論，並倡導了「理想」（idea）這個獨一無二的存在。

柏拉圖**以「什麼是真正的善」與「什麼是真正的愛」作為探求主題**。另外，也主張了每個存在物，都存在著一個作為基準的原型。並將這個「原型」以理想稱呼。他認為理想如天上的「理想世界」存在著，而地面上的世間萬物中，有著理想的複製品（模造品）。也提倡了儘管外觀看起來有所不同，但是可以知道的是人類萬物的靈魂是理想世界中的「原型」。

一切萬物都有原型

柏拉圖認為儘管外觀有所不同，但能讓人聯想到特定的物品（三角形）是因為共通點中「三角形」的理想原型是存在的。

我正是三角形的理想原型。

美味的御飯糰。

吃著披薩。

西瓜好甜呀！

喝著盒裝的牛奶。

蛋糕最棒了！

哲學 04 亞里斯多德

他批判了柏拉圖的哲學觀，並是希臘哲學集大成之人，對於後代產生了很大的影響。

亞理斯多德（Aristotle）以「形式與質料」之詞說明了萬物的本質，發展了認為「萬物都因為有四個要因所存在」一說，即「形式因」、「質料因」、「目的因」、「動力因」，提倡通過以上四因而萬物存在著。順帶一提，**思考著「說到底，這個是什麼呢？」**的形上學則屬於哲學的傳統領域，而亞里斯多德便是其中的第一人。

亞里斯多德所提倡的內容

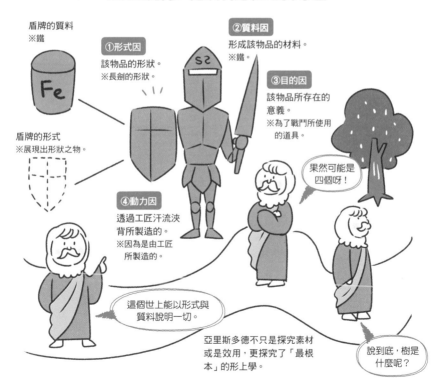

盾牌的質料
※鐵

①形式因
該物品的形狀。
※長劍的形狀。

②質料因
形成該物品的材料。
※鐵。

③目的因
該物品所存在的意義。
※為了戰鬥所使用的道具。

盾牌的形式
※展現出形狀之物。

④動力因
透過工匠汗流浹背所製造的。
※因為是由工匠所製造的。

果然可能是四個呀！

這個世上能以形式與質料說明一切。

亞里斯多德不只是探究素材或是效用，更探究了「最根本」的形上學。

說到底，樹是什麼呢？

哲學 05 神並非萬惡的起源

哲學家奧古斯丁（Augustine）認為惡的產生是由良善的缺乏所致。

奧古斯丁認為「惡是不完整的良善所展現出來的」。也就是說，在上帝原先的設計下，每個人都應該能夠以自由意志行善，但在良善不完整的結果之下，就會做出錯誤的選擇。**對上帝的信仰，是為了克服這個弱點並朝著良善前進。**這般能意識到對上帝的愛，進而追求更好的良善一想法，開始在歐洲拓展開來。

惡是良善不完整的狀態

奧古斯丁認為人類本來是只懷抱著良善的，但是當良善的程度較低時會造成錯誤的選擇。

善良的上帝

做了壞事是信仰有所不足。

救救我～　　沒事吧？　　善行

給我吧！　　嗚～　　偷竊

呀哈！　　哇啊！　　……　　殺人　　自殺

哲學 06 我思故我在

笛卡爾（Rene Descartes）以找尋不容置疑的真理作為出發點，提出了「我思故我在」的想法。

笛卡爾發現過去為了追求公論（像是平行線永遠不會相交等問題），以致於每個人都得到了相同的答案，認為應該要「試著懷疑一切，尋找正確的事物」，這個手法被稱為「**方法的懷疑**」。他還認為，為什麼沒辦法提出懷疑則是「懷疑一切的自我感覺」（我思故我在）的存在所致。**笛卡爾將這個自我感覺作為哲學的第一原理，近代哲學也開始急速發展。**

即便懷疑一切也懷疑不完的事物

從景色，甚至是自己，也試著懷疑看看吧！

就算一切事物都消失，自身的意識想法是存在的！

重點小筆記

笛卡爾身為哲學家的同時也是數學家，並以第一位提出座標概念的人所聞名。

33

史賓諾沙

史賓諾沙（Baruch Spinoza）認為意識與身體是連動的，包含大自然在內的事物都是一個存在。

史賓諾沙認為人類與其周圍動植物、環境都被視為大自然，而這個大自然本身就是神，這個想法被稱之為「泛神論」。然而，當時基督教的上帝被定位為「有人格的存在」，史賓諾沙的泛神論卻認為神不存在人格，**被視為倡導無神論和異端而遭受到嚴厲的譴責。**但是，他的思想在之後帶給康德與尼采重大的影響。

人與大自然都是上帝的一部分

培根

培根（Francis Bacon）主張以經驗與實驗作為根本，進而獲得正確的知識（知識就是力量）是很重要的。

培根將妨礙獲取正確知識的成見以「幻象」（Idola）稱之。取決於感官獲取的意識效果為「種族幻象」；只以個人的經驗去思考事物為「洞穴幻象」；透過社會上的偏見或謠言所產生的是「市場幻象」；無條件信任權威的則稱「劇場幻象」，他認為克服這四個幻象便能得到正確的知識，該想法後來發展為「經驗主義」。

「幻象」阻撓了正確的知識

35

洛克

洛克（John Locke）認為，「人心就如一塊白板」（Tabula rasa），主張一切知識均起源於外在的經驗。

洛克將可以通過經驗意識得到的情報分為兩類。一種是透過五種感官得到的「簡單思想」，以及將獲得的「簡單思想」結合成的「複雜思想」。舉例來說，**建立在黑色且吵雜的簡單觀念之上，便得到「烏鴉」這個複雜觀念。**此後便發展成如何認識事物一說的「認識論」。

知性是透過經驗所得到的

箱子裡面是什麼呢？

叫了一聲「嘎——」

答案是烏鴉！

大提示！顏色是黑色的。

也有地方是硬的。

軟軟的

嘎——

哦～

洛克主張人一出生的知性如同一張白紙，會隨著經驗累加。

哲學 10 康德

康德（Immanuel Kant）提倡一種哲學觀點，將先天論及透過經驗親身獲取的經驗合而為一。

康德認為人類雖然從經驗中獲得知識，但有一形式是在人類社會中共通的，稱之為「先驗」（Transcendental Idealism）。他認為人類只能通過有色濾鏡來認識世界，而在通過濾鏡前要看見「物體個體」是不可能的事情。物體本身如果沒辦法認知的話，那麼**對象是隨著我們在時間與空間中的感覺去做定義**，此說的衝擊性如哥白尼式革命，傳遞了巨大的影響。

人類沒有辦法和空間與時間抗衡

有了～

20年前埋的（時間）。

埋在學校的後院裡（空間）。

時空膠囊

從「挖出時空膠囊」的經驗上來說，時間性為「20年前」，空間性則為「學校的後院」這般人類社會中共通的濾鏡。康德認為人類即便是從經驗中獲取了知識，卻也無法與空間及時間抗衡。

哲學 11 黑格爾

黑格爾（Hegel）提倡「辯證法」，這是從許多的對立中理出普遍真理的方法。

「辯證法」是將互相矛盾的意見做碰撞結合，並昇華成更高層次意見的方法。首先，作為前提下存在著一個意見（正題），相對的也會存在一個反對意見（反題），再整合這兩者的行為，稱之為「揚棄」（Aufheben）。黑格爾也將辯證法利用於歷史之中，**認為通過反覆的操作對立與統合，有可能建立更好的未來。**

反覆操作意見對立與整合的辯證法

「辯證法」是將對立的兩者做統合，產生出更高層次結果的方法。

上帝已死

尼采（Nietzsche）的「上帝已死」之說，是基督教價值觀轉變成新價值觀的宣言。

尼采生活的時代，歷經了歐洲工業革命帶來的公害，以及惡劣的勞動環境等問題。隨著近代文明的發展與基督教的影響逐漸削弱，**動搖了「相信上帝」這個既定的價值觀。** 尼采深信虛無主義（Nihilism）的時代將會到來，提倡「若失去信仰的話，就應該創造出自己的價值」，並留下了「上帝已死」這個詞句。

現代化的浪潮殺死了上帝

公害

既有的價值觀崩壞了。從此以後要按照自己的意識存活下去。

近代化

森林破壞

基督教的衰退

伴隨著工業革命，人們遇到了各式各樣的問題，基督教的衰退也是其中之一，而尼采提倡了「上帝已死」之說。

佛洛伊德

佛洛伊德（Sigmund Freud）為精神分析學的創始者，最大的功績是發現支配人類的「潛意識」。

佛洛伊德認為內心是由三個領域所組成的：為追求快樂、避免不愉快而抱持著原始欲望的「本我」；針對「不能做的事情」等後天所添加的規範則為「超我」；而「自我」是調節了對立的本我和超我，適應外在的世界。佛洛伊德主張這三者的作用**由潛意識所執行且無法由理性所控制，此觀點震驚了哲學界。**

人類是由**潛意識所支配著**的

本我

實際上對於人與人的聯繫是感到麻煩的。

手機忘在家裡了！

「不想有手機」的本我，引發了錯誤的行動。

超我

任何時候都能聯絡上，這對於社會人士來說是當然的規範。

榮格

榮格（Carl Jung）認為，每個個體的潛意識中，有著全人類共通的潛意識，稱之為「集體潛意識」。

世界上有各式各樣的神話或是民間故事，它們有超越種族與群體間的共通點。即便是互不相關的地域或是文明中，也有讓我們聯想起「母性」與「父性」的共同形象，**而這樣的共同意識在集體潛意識中以假定的「原型」稱之**。榮格將潛意識從神話與文明中抽絲剝繭出的「分析心理學」，現今也作為心理療法的一環而存在著。

任何人都共通擁有的「原型」

榮格認為即便在互不相關的地區與文明之中，都存在讓人們想起「父性」與「母性」共同意識的「原型」。

哲學 15 卡繆

以作品「異鄉人」所聞名的作家阿爾貝‧卡繆（Albert Camus），以「荒謬」主題貫穿全書。

卡繆將抱持著明確的理性與世界對峙時所面臨到的不合理，定位為「荒謬」，而直面正視它的姿態稱為「反抗」。**人類的人生中反覆著不具意義且荒謬的行為，即便試圖找到人生的意義，世界也沒辦法有所回應。**這就是荒謬，是人生中的矛盾，但卡繆一邊接受它的同時，也試圖在生活中找尋喜悅與幸福。

人生沒有意義

我的人生應該有什麼意義吧！

絕對有意義存在吧！

一定有意義的吧～

這行為本身並沒有意義，明明只要承認的話會更輕鬆的！

即便試圖找出對於人生的意義或是定義，結果都是沒有意義的重複。卡繆認為接受這一點是很重要的。

結構主義

哲學 **16**

第二次世界大戰後,為了能應對多樣化的價值觀,不斷發展的西洋哲學創造了眾多思想,結構主義即是之一。

結構主義誕生於對先前存在主義的批評,其否定了存在主義主張「**人類依照自身意願可以創造出獨立的人生**」的想法。以語言學、人類學、心理學等等的成果作為背景,透過分析社會、文化與潛意識的「結構」,批判了西洋近代的理性主義,並成為了「後現代主義」廣向各界發展的契機。在那之後,後結構主義的推展也讓西洋哲學繼續進化著。

存在主義與結構主義

存在主義
認為人類的存在是不可替代的特別東西。

結構主義
認為人生是由看不見的無形結構驅動著的。

Chapter 2

關鍵詞及關鍵人物
補充說明

哲學

☑ 關鍵詞
泰利斯 (P.28)

古希臘最早的哲學家。也是「直徑所對應的圓周角為直角」的泰利斯定理創造者。

☑ 關鍵詞
反詰法 (P.29)

根據對話讓人們意識到矛盾與未知，引導走向更高層次理解與真相的手法。

☑ 關鍵詞
理想 (P.30)

柏拉圖哲學的用語，意指「事物的真實樣貌」或是「原型」。

☑ 關鍵詞
四個要因 (P.31)

亞里斯多德提倡彰顯出萬物本質的四個因素，又名四因說。

☑ 關鍵詞
形上學 (P.31)

一門追求人生生存的意義或是人類的善惡等等、被時間與空間限制不能以感知去理解的學問。

☑ 關鍵詞
奧古斯丁 (P.32)

在基督教被定為羅馬帝國的國教時期裡，活躍的哲學家。

☑ 關鍵詞
笛卡爾 (P.33)

通過確立事物的真偽，找尋真理的科學家。也被稱為近代哲學家之祖。

☑ 關鍵詞
方法的懷疑 (P.33)

哪怕是一點點有疑問的東西，都將其視為虛假，是一種探尋是否確實存在的方法。透過這個方法的懷疑，笛卡爾達成了「我思故我在」的哲學原理。

☑ 關鍵詞
泛神論 (P.34)

認為神與宇宙、或是神與大自然是一體的思想。

☑ 關鍵詞
幻象 (P.35)

弗蘭西斯·培根所指出人類的偏見。分析了人類容易受偏見影響的因素，並為了不要犯錯確立了一理論。（幻象理論）

☑ 關鍵詞
經驗主義 (P.35)

17 世紀到 18 世紀間於英國誕生的認識論。比起從一出生就持有的觀念，更重視經驗的思想。

☑ 關鍵詞
認識論 (P.36)

探索認知與知識的起源、範圍等等的哲學。

☑ 關鍵詞
先驗 (P.37)

意指天生的，先天的意思。哲學家康德提倡了將經驗與事實作為先行的條件。

☑ 關鍵詞
辯證法 (P.38)

一種透過將兩個對立或是矛盾的事物統一，進而導向更高層次結論的思考方式。

☑ 關鍵詞
尼采 (P.39)

批判了近代文明的德國哲學家。不僅是古典學，也對東洋思想與音樂展現濃厚的興趣，是存在主義的先驅。

☑ 關鍵詞
虛無主義 (P.39)

認為傳統的價值觀是沒有意義、沒有本質價值的哲學主張。

☑ 關鍵詞
自我 (P.40)

佛洛伊德認為內心是無意識在作用的。「自己」等於「不是自我」。

☑ 關鍵詞
分析心理學 (P.41)

榮格開創的深層心理學理論，也稱之為榮格心理學。

☑ 關鍵詞
荒謬 (P.42)

對於持有理性的人類無可避免的問題。

☑ 關鍵詞
存在主義 (P.43)

將人類的存在置於哲學中心的思想立場。也就是說，第一優先考慮的是一個真正的人類，並非理想或本質。

☑ 關鍵詞
後現代主義 (P.43)

試圖超越或者是重新審視近代主義與啟蒙主義的思想。

Chapter

World's liberal arts
mirudake notes

3

宇宙

Space

揭開我們所存在
的世界的真相

人類自古以來就研究著月亮的盈缺以及恆星運動的規律等等。古時雖然是以「闡明上帝創造的宇宙法則」之宗教性來探求,但到近代以後已演變成以科學的方法認識宇宙。

宇宙
01 哥白尼式革命

日心說登場時，顛覆了當時的既定常識，因此稱作「哥白尼式革命」。

地心說是指地球是宇宙的中心，太陽、月亮等全部的天體都繞著它運行，另一方面，日心說是指地球繞著太陽運行。波蘭的天文學家哥白尼（Nicolaus Copernicus）將其完善，而此後支持相同說法的伽利略‧伽利萊（Galileo Galilei）遭到了宗教審判。後來，**當發生與原先的常識基礎完全相反之時，就會稱為「哥白尼革命」。**

地心說與日心說

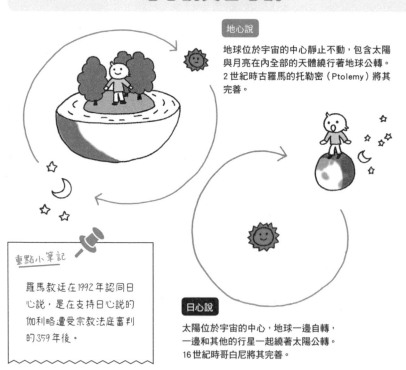

地心說

地球位於宇宙的中心靜止不動，包含太陽與月亮在內全部的天體繞行著地球公轉。2世紀時古羅馬的托勒密（Ptolemy）將其完善。

重點小筆記

羅馬教廷在1992年認同日心說，是在支持日心說的伽利略遭受宗教法庭審判的359年後。

日心說

太陽位於宇宙的中心，地球一邊自轉，一邊和其他的行星一起繞著太陽公轉。16世紀時哥白尼將其完善。

伽利略

伽利略透過望遠鏡進行天體觀測，發現了如木星的衛星、太陽表面的黑點等等天文知識。

木星的衛星中，木衛一埃歐（Io）、木衛二歐羅巴（Europa）、木衛三蓋尼米德（Ganymede）、木衛四卡利斯多（Callisto）四個合稱為**伽利略衛星**，這是以發現者義大利天文學家伽利略來命名。這個發現與所有天體圍繞地球運行的地心說相反，伽利略也開始**主張以太陽作為中心的日心說**。另外，亦有太陽黑子與月球隕石坑等觀測發現。

03
宇宙

伽利略的發現

①太陽黑子

由漂浮在太陽表面的磁場所產生的黑色部分。

③伽利略衛星

伽利略所發現的木星的四個衛星。

地球仍然運轉著！

②月球隕石坑

由隕石或是慧星等天體衝撞所形成的地形。

伽利略・伽利萊
（1564～1642 年）

義大利的數學家、物理學家。

重點小筆記

有多項發現的伽利略，晚年因提倡日心說而丟了工作，過著被軟禁的生活。

49

宇宙

03 太陽

太陽為銀河系中的恆星之一，為包括地球在內的太陽系各行星提供莫大的能量。

太陽主要是由氫與氦所構成巨大的氣團。直徑是地球的 109 倍，重量為 33 萬倍。即使將構成太陽系的所有天體重量都加總起來，太陽還占據了 99.9%。然而，這仍為恆星的標準尺寸。**太陽是透過核心處產生核融合反應，供給了太陽系全體莫大的能量，而地球所接受的還不超過其中的二十二億分之一。**

太陽的構造

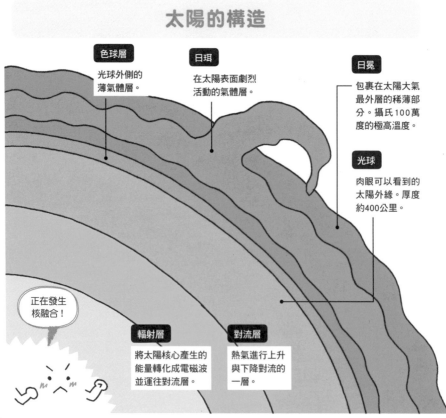

色球層
光球外側的薄氣體層。

日珥
在太陽表面劇烈活動的氣體層。

日冕
包裹在太陽大氣最外層的稀薄部分。攝氏 100 萬度的極高溫度。

光球
肉眼可以看到的太陽外緣。厚度約 400 公里。

正在發生核融合！

輻射層
將太陽核心產生的能量轉化成電磁波並運往對流層。

對流層
熱氣進行上升與下降對流的一層。

46 億年的歷史

地球誕生於約 46 億年前，然而大約 1 萬年前才形成接近現在的氣候狀態。

我們所居住的<u>地球</u>，距離太陽約有 1.5 億公里。它約於 46 億年前誕生，和太陽系大約同時期。**人們認為，形成之初覆蓋於地表的岩漿海急速冷卻，大氣中的水蒸氣變成雨水傾洩而下，形成了大海。** 23 億年前到 6 億 5000 萬年前為止，發生了三次全球凍結，整個地球都被凍住了，從那之後反覆出現熱帶化等溫度波動，在大約 1 萬年前才變成接近現今的狀態。

03
宇宙

地球的歷史

地球的誕生
原始太陽的周圍有氣團與塵埃等眾多微行星存在。它們反覆進行合體與碰撞而產生了地球的形體。

46 億年前
形成時期的地球表面覆蓋的岩漿海急速冷卻，大氣中的水蒸氣變成雨水傾洩而下，形成了大海。

23 億年前
地球被冰所覆蓋了。人們認為從那之後的 7 億年前與 6 億 5000 萬年前也各發生一次，共計發生了三次全球凍結。

原來如此！

1 萬年前
大陸分成 6 個部分，大約是現今的形狀。估計從今以後的 2 億 5000 萬年後，超大陸將會再次誕生。

6550 萬年前
白堊紀後期，與現在的樣子更為接近。從那之後，因為小行星的衝擊發生了大量滅絕，地表上的主角從恐龍轉為哺乳類。

3 億年前
二疊紀末期。出現了現在的大陸分裂前的超大陸——「盤古大陸」。

宇宙

05 月球

自古以來，人們將各式各樣的意象寄託在為夜空增添色彩的月亮上，月相盈缺也被利用在曆法上。

月球是地球的衛星，也是離地球最近的天體。大小約為地球的四分之一。月球的自轉週期與公轉週期是相同的，所以對地球來說總是顯示同一個面向。能看到的白色區域是高地的岩石，而黑色是稱之為月海的岩石。對於月球表面的模樣，日本將其比喻為搗麻糬的兔子。月球之所以明亮，是因為被太陽的光所照亮。從地球這一側來看，外觀每天都在變化（月的圓缺）。

月海的形成法

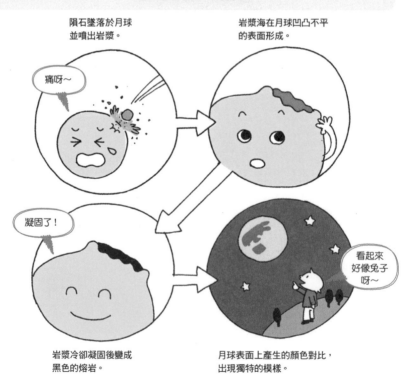

隕石墜落於月球並噴出岩漿。

痛呀～

岩漿海在月球凹凸不平的表面形成。

凝固了！

看起來好像兔子呀～

岩漿冷卻凝固後變成黑色的熔岩。

月球表面上產生的顏色對比，出現獨特的模樣。

大碰撞說

作為月球的起源論，現今具影響力的說法是，與原始地球相撞的小天體所殘留的碎片形成的。

月球的起源眾說紛紜，而最具影響力的是大碰撞說：火星大小的天體以斜角碰撞原始地球。**飛散的天體與地球的部分地函，在地球的周圍一邊運轉，一邊反覆進行衝撞與結合，最後形成小天體。**歷經1個月～100年左右，誕生了現在的月球。這個假說也有無法解釋的地方，所以近年出現了稱作「多次碰撞論」的新說登場。

月球的形成

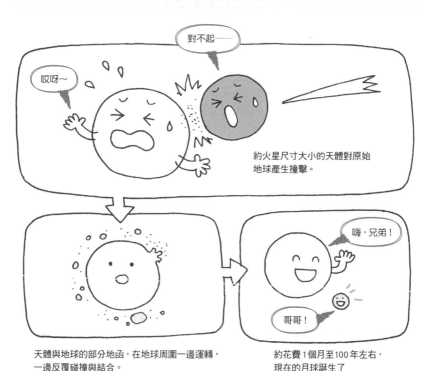

約火星尺寸大小的天體對原始地球產生撞擊。

天體與地球的部分地函，在地球周圍一邊運轉，一邊反覆碰撞與結合。

約花費1個月至100年左右，現在的月球誕生了

愛德溫・哈伯

宇宙並非不變，而是持續膨脹的狀態。隨著哈伯（Edwin Hubble）的發現，宇宙論迎來了新的階段。

美國的天文學家愛德溫・哈伯使用當時世界上最大的反射望遠鏡觀測天體，發現包括我們所居住的太陽系在內的銀河系（星河）之外，還存在著其他的星系。另外，還觀測到與其他星系間的距離與運動，**發現離星系愈遠的銀河，遠離地球的速度愈快**。根據這個哈伯定律（Hubble's Law），可以確定的是宇宙正向四面八方膨脹著。

哈伯定律為何？

宇宙發生了什麼？

愛德溫・哈伯
（1889～1953年）

美國天文學家
在威爾遜天文台工作期間，使用新建成的 2.5 公尺反射望遠鏡，成功觀測到系外星系。而為了紀念他，將環繞地球運行的宇宙太空望遠鏡命名為「哈伯望遠鏡」。

奇怪，怎麼有那麼多星球遠離地球而去……

它們正在遠離……

表示宇宙持續地膨脹。

哈伯的宇宙膨脹說主張：
「宇宙並非靜止，而是持續地膨脹」

希格斯玻色子

希格斯玻色子（Higgs boson）為基本粒子提供質量，1964 年即預測出其存在，但直到 2012 年才被證實發現。

粒子物理學中有一個稱為標準模型的基本框架。基本粒子據說由構成物質的費米子（fermion）、有介導力的規範玻色子（gauge boson）及提供質量的希格斯玻色子所組成。在標準模型中特別重要的希格斯玻色子被發現於2012年。隔年（2013），由於預測了希格斯玻色子的存在，希格斯（Peter Higgs）與恩格勒（François Englert）獲頒諾貝爾物理學獎。

03
宇宙

希格斯玻色子是宇宙的起源

彼得·希格斯
（1929～）

英國理論物理學家。1964 年發表關於希格斯玻色子的理論。於 2012 年應證，並於 2013 年榮獲諾貝爾物理學獎。

宇宙的起源來自於大爆炸。

碎！

暴脹時期 大爆炸！

據說在大爆炸之前有一個暴脹時期……

找不到了為產生大爆炸必要所需質量的粒子。

希格斯玻色子

但是，耐心尋找之後便找到了。

在確信希格斯玻色子的存在後，
經過大約50年的歲月，終於獲得證實。

宇宙

09 太陽系

超新星爆炸所產生的氣團與塵埃，促使原始太陽和構成太陽系的星體誕生。

約 46 億年前，銀河系中有一個質量很大的恆星結束了其一生。當時的爆炸（**超新星爆炸**）中所產生的氣體與塵埃受到重力壓縮，形成透鏡狀的圓盤。密度與溫度相當高的中心部分所誕生的正是原始太陽。圓盤的氣團中有 99.85％是被用來製造太陽，**剩下 0.15％的氣團，和當中所生成的冰與塵埃反覆結合，形成後來構成太陽系的大大小小的天體。**

太陽系的誕生史

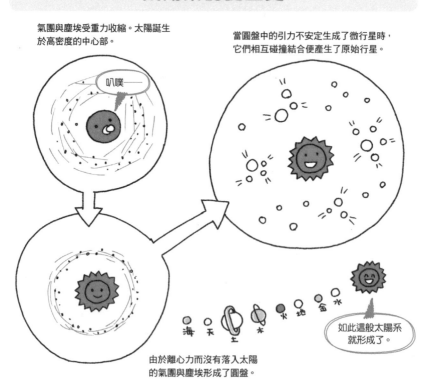

氣團與塵埃受重力收縮。太陽誕生於高密度的中心部。

叭噗

當圓盤中的引力不安定生成了微行星時，它們相互碰撞結合便產生了原始行星。

由於離心力而沒有落入太陽的氣團與塵埃形成了圓盤。

如此這般太陽系就形成了。

海 天 土 木 火 地 金 水

阿波羅計畫

宇宙 **10**

阿波羅計畫於冷戰時代下的美國進行，是人類史上第一次在地球以外的天體進行登陸的大計畫。

冷戰時期，美蘇間的太空競賽總是由蘇聯領先一步。1961 年，就任美國總統的約翰‧甘迺迪（John Kennedy），提出 10 年內要將人類送往月球的承諾。阿波羅計畫隨之啟動。1969 年 7 月 20 日，太空船阿波羅 11 號登陸月球。艙長尼爾‧阿姆斯壯（Neil Armstrong）與另 1 名成員實現了這個承諾。該計畫執行到 1972 年為止，共計成功登陸月球表面 6 次。

03

宇宙

美蘇的競爭加速了太空探索

美國在 1969 年到 1972 年之間，共計成功登陸月球表面 6 次。

Chapter 3

關鍵詞及關鍵人物
補充說明

宇宙

☑ **關鍵詞**
地心說 (P.48)

地心說是指地球位於宇宙的中心，太陽、月亮、星星繞著地球轉動的學說。2世紀左右由希臘天文學家托勒密所提出。

☑ **關鍵詞**
恆星 (P.50)

自身發光的天體總稱。太陽系的恆星為太陽。

☑ **關鍵詞**
日心說 (P.48)

太陽位於宇宙的中心，地球繞著太陽的周圍公轉，同時也一邊自轉著的學說。由波蘭的天文學家哥白尼所提出。

☑ **關鍵詞**
地球 (P.51)

太陽系的行星之一，是我們人類所居住的天體。

☑ **關鍵詞**
宗教審判 (P.48)

中世紀到近代早期，針對異端人士或對於基督教的批判者所進行的審判。主張日心說的伽利略被認為與《聖經》的教義相違，判定有罪。

☑ **關鍵詞**
自轉週期、公轉週期 (P.52)

自轉週期是天體沿著自轉軸轉動一圈所需的時間。另一方面，繞著每天體運行所需的時間稱之為公轉週期。

☑ **關鍵詞**
伽利略衛星 (P.49)

天文學家伽利略・伽利萊所發現環繞木星的四個衛星。

☑ **關鍵詞**
地函 (P.53)

行星或衛星等內部岩石所形成的地層。地下40～670公里稱之為「上部地函」，670～2900公里稱之為「下部地函」。

☑ 關鍵詞
銀河系 (P.54)

包括太陽系在內的天體的集合體，亦稱天上的銀河川。據悉約有 1,000 億個恆星，而質量是太陽的 1 兆 5,000 億倍。義大利哲學家德謨克利特（Democritus）是最先提出銀河是由遙遠的星星所組成之人。

☑ 關鍵詞
超新星爆炸 (P.56)

大質量恆星要終結時所造成的大規模爆炸。在銀河系中，估計發生比率為 100～200 年中會有一次。

☑ 關鍵詞
希格斯 (P.55)

英國的物理學家。1964 年雖然發表了希格斯玻色子的相關論文，但直到 2012 年才證實。同樣在 1964 年提出存在希格斯玻色子的恩格勒一起獲頒了諾貝爾獎。

☑ 關鍵詞
尼爾·阿姆斯壯 (P.57)

人類史上第一位登陸月球的美國太空人。

☑ 關鍵詞
恩格勒 (P.55)

比利時的物理學家。由於預測了希格斯玻色子的理論，與希格斯一起獲頒諾貝爾獎。

☑ 關鍵詞
約翰·甘迺迪 (P.57)

第 35 屆的美國總統。冷戰期間，美國在太空競賽中輸給了蘇聯。為了提升美國國民的士氣與經濟，提出了「10 年內將人類送往月球」的宣言，並大功告成。

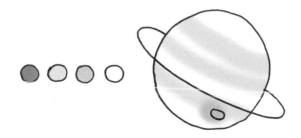

Chapter

4

World's liberal arts
mirudake notes

歴史
History

想記取的歷史事件
有哪些呢？

很多人在學生時期的歷史課上，以死記硬背的方式
記下年號或是史事，然而，那並沒有辦法真正獲得
學識。把握住歷史的脈絡，理解大型事件的話，必
定能從中發現人們的反思與進步。

5 個時代區分

歷史 01

連結過去到現代歷史主要的演進，大致以五個時代作為區分。

為了讓歷史能有系統的理解，首先知道時代區分是很重要的。主要的區分法是以「古代」、「中世紀」、「近世」、「近代」、「現代」五個時期來劃分。順帶一提，這些區分並不是以「某年到某年間為古代，某年到某年間為中世紀」作為嚴謹規定，像是**西洋的中世紀與日本的中世紀年代就不同，需視區域而定。**

歷史被分成五個部分

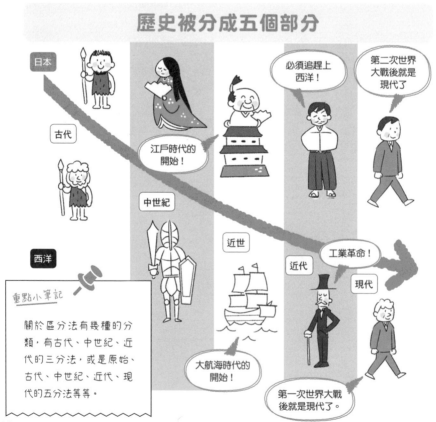

日本

古代

中世紀

江戶時代的開始！

必須追趕上西洋！

第二次世界大戰後就是現代了

西洋

近世

近代

現代

工業革命！

大航海時代的開始！

第一次世界大戰後就是現代了。

重點小筆記

關於區分法有幾種的分類，有古代、中世紀、近代的三分法，或是原始、古代、中世紀、近代、現代的五分法等等。

歷史 02 世界史①

在以封建制度為中心體制的中世紀社會之後,來到了近世,並持續地為邁入近代做準備。

以西洋作為中心的世界史,將古希臘羅馬繁榮的時代之後定為中世紀。一般認為5～15世紀左右為中世紀,其特徵為封建制度與活字印刷的發明。接著到了16～18世紀為近世,其特徵是反對了中世紀宗教的文藝復興、宗教改革與大航海時代。透過這些進程,**奠定了近代的市民社會與帝國主義基礎。**

西洋的中世紀與近世

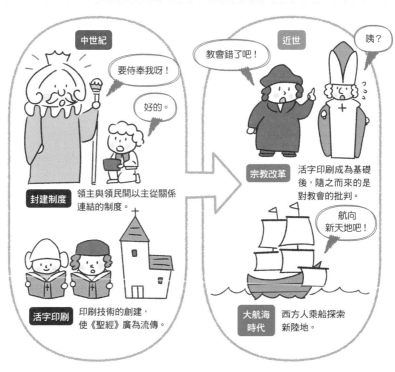

中世紀

要侍奉我呀!

好的。

封建制度 領主與領民間以主從關係連結的制度。

活字印刷 印刷技術的創建,使《聖經》廣為流傳。

近世

教會錯了吧!

咦?

宗教改革 活字印刷成為基礎後,隨之而來的是對教會的批判。

航向新天地吧!

大航海時代 西方人乘船探索新陸地。

世界史②

延續與近代連結下產生的社會邁向現代，活在歷史的浪潮中。

近代是指 19 世紀到 20 世紀上半葉。這個時代發生了**市民革命與工業革命，也建立了通向現代的資本主義社會。**另外，帝國主義與民族國家的概念也是該時代的特徵。20 世紀上半葉到現在為止屬於現代，冷戰與全球化是其特徵，接踵而來的是環境問題、貧富差距、恐怖攻擊、能源問題等新障礙。

西洋的近代與現代

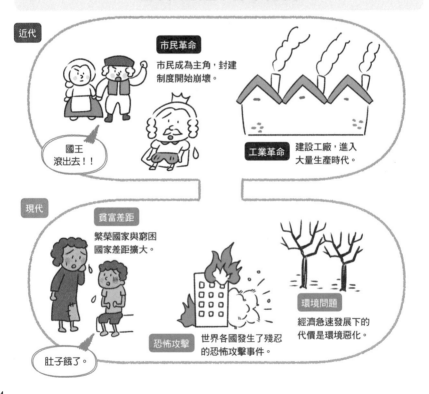

近代

市民革命
市民成為主角，封建制度開始崩壞。

國王滾出去！！

工業革命
建設工廠，進入大量生產時代。

現代

貧富差距
繁榮國家與窮困國家差距擴大。

恐怖攻擊
世界各國發生了殘忍的恐怖攻擊事件。

環境問題
經濟急速發展下的代價是環境惡化。

肚子餓了。

日本史①

日本的中世紀包含了戰爭頻仍的戰國時代，而到了和平的江戶時代才進入近世。

對於日本史中世紀的時間點眾說紛紜，一般認為在12～16世紀左右。從平安時代末期的院政後期到室町時代為止，戰爭不斷，包括了<u>應仁之亂</u>等大型征戰。近代則是在17～19世紀左右，對應了江戶時代。此時期沒有發生大型戰爭，**維持了大約260年的和平，也發展出各式各樣的文化。**

日本的中世紀與近世

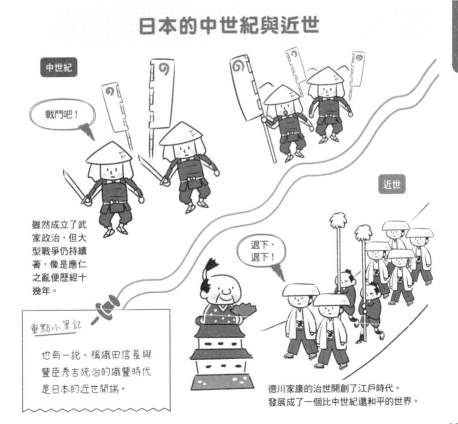

中世紀

戰鬥吧！

雖然成立了武家政治，但大型戰爭仍持續著，像是應仁之亂便歷經十幾年。

重點小筆記

也有一說，稱織田信長與豐臣秀吉統治的織豐時代是日本的近世開端。

近世

退下，退下！

德川家康的治世開創了江戶時代。發展成了一個比中世紀還和平的世界。

日本史②

日本史中近代與現代的區分，是以第二次世界大戰的結束作為重要的里程碑。

自開國以來到明治時期，日本成為了近代國家，也與海外頻繁地進行交流。**因此日本史中的近代與現代的區分，與世界史中的時間點相似。**只是，不同的地方在於第二次世界大戰成為重大的分歧點。近代是從 19 世紀左右開始，到第二次世界大戰結束的 1945 年為止；現代則被區分為終戰後到今日。

日本的近代與現代

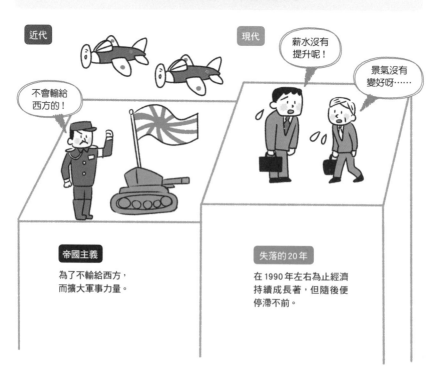

封建制度

封建制度是透過土地建立的主從關係，支撐著中世紀的歐洲社會。

封建制度支撐著中世紀的歐洲社會。君主分封土地給予家臣，以換取封臣的效忠與保護。透過土地介入的主從關係，落實國家統治。由於羅馬天主教會擁有獲贈的土地，在封建制度中獲取了強大的力量。另外，**封建制度下以農奴稱之的農民，負擔了勞動與沉重的納稅義務，同時也得為領主耕作土地。**

中世紀封建制度的基本特徵

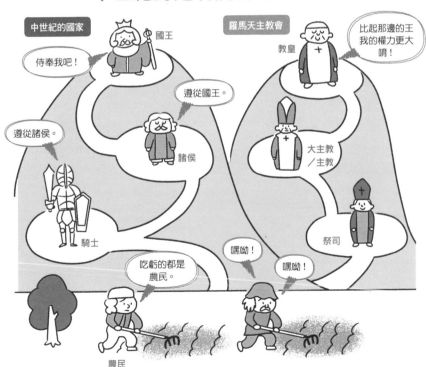

中世紀的國家

國王
侍奉我吧！

遵從國王。
諸侯

遵從諸侯。
騎士

羅馬天主教會

教皇
比起那邊的王我的權力更大唷！

大主教／主教

祭司

吃虧的都是農民。

嘿呦！
嘿呦！

農民

歷史 **07**

活字印刷

活字印刷術讓書本得以大量印刷，使得世界產生了巨變。

據說德國金工師<u>約翰尼斯・古騰堡</u>（Johannes Gutenberg）發明了活字印刷的技術，他約於 1455 年在印刷了世界上的首本《聖經》。與在此之前的手寫或是木版印刷不同的是，**由於能夠大量印刷，《聖經》能讓更多人閱讀，也連結了後來的宗教改革。**《聖經》以外的書籍也廣為流傳，對思想與科學技術的發展有所貢獻。

中世紀發生的印刷革命

歷史 08 宗教改革

來自德國的路德（Martin Luther）批判了腐敗的羅馬教會，此後所引發的宗教改革往歐洲各地蔓延。

德國當地所販賣的贖罪券（赦罪符）是為了填補羅馬教會腐敗、教皇的浪費等開銷。贖罪券強調**「購買的話可以消去罪過」**，遭到神學教授**馬丁‧路德批判**。路德雖被逐出教會，但是受到了民眾與諸侯的支持，也漸漸發展變成龐大的勢力，在各地展開宗教改革，嚴謹的喀爾文派也登場了。現在的新教正是這個宗教改革所誕生的。

04
歷史

路德教派與喀爾文派

購買贖罪券的話，就能免除罪過。

咦，是這樣嗎？

那絕對要買啊！

確實是這樣。

這並不符合基督教的教義呀！

馬丁‧路德

進行宗教改革吧！

路德派脫離了教會，成為了新教（抗議者）。

沒有必要購買贖罪券，請把錢存起來。

喀爾文

受到路德影響的約翰‧喀爾文（Jean Calvin）。由於推崇儲蓄的想法獲得工商業者支持，影響了資本主義的建立。

歷史 09 啟蒙思想

活字印刷影響宗教革命，也對啟蒙思想的普及產生了很大的陶染作用。

透過活字印刷讓書籍大量生產，藉此將個人思想廣泛地傳達，進而與啟蒙思想連結。**啟蒙思想是基於科學、合理性、理性，讓人性、人格、社會以完美為目標的革新思想，批判了傳統的權威與舊有的思想。**17～18世紀間在歐洲廣為流傳，支持著近代的市民社會的形成，也帶給法國大革命重大的影響。

批判舊有思想的啟蒙思想

理性！

進步！

啟蒙思想注重理性與進步。

批判代表傳統權威的基督教會。

不僅推動近代市民社會的形成，封建制度的崩毀也成為了法國大革命的原動力。

文藝復興

歷史 10

因達文西與米開朗基羅而聞名的文藝復興，旨在復興被壓抑的人性。

文藝復興主要發生於 14～16 世紀的義大利。文藝復興有著「復興」與「再生」之意。復興的目標是，釋放中世紀的基督教文化中被壓抑的人性，體現人類自身的價值。**從依循上帝為中心的不合理價值觀中，轉為讓近代社會的基本原理（如人類的自由與個性）誕生的瞬間。**

帶來個人自由的文藝復興

歷史 11 大航海時代

西班牙與葡萄牙的船到達了新天地，自近代以來，整個世界產生巨變。

15～17世紀西班牙與葡萄牙等船隻往亞洲、非洲、美洲航行。**由於進出世界各地，讓歐洲國與國之間的經濟活動發展成為世界性的規模**，而此一結果讓美洲大陸的金錢大量流入，造成歐洲的物價上漲，同時讓封建貴族沒落。另外，隨著大航海時代來臨，也引發了歐洲將世界各地殖民地化的契機。

西洋各國不斷往海外擴張

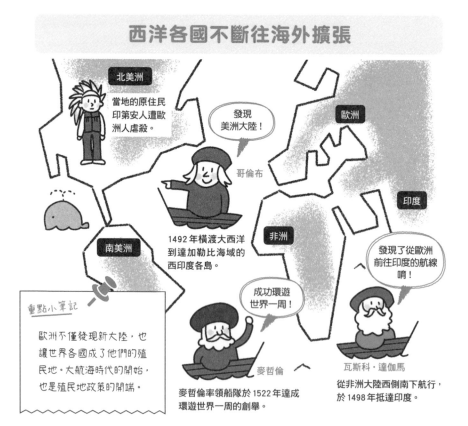

北美洲
當地的原住民印第安人遭歐洲人虐殺。

發現美洲大陸！

歐洲

印度

哥倫布
1492年橫渡大西洋到達加勒比海域的西印度各島。

南美洲

非洲

發現了從歐洲前往印度的航線唷！

成功環遊世界一周！

重點小筆記

歐洲不僅發現新大陸，也讓世界各國成了他們的殖民地。大航海時代的開始，也是殖民地政策的開端。

麥哲倫
麥哲倫率領船隊於1522年達成環遊世界一周的創舉。

瓦斯科・達伽馬
從非洲大陸西側南下航行，於1498年抵達印度。

歷史 12 帝國主義

為了脫離經濟大蕭條的情況，歐洲國家開始侵略他國，帝國主義國家由此誕生。

帝國主義是透過侵略他國的軍事與經濟，達成自己國家利益的思想與政策。歐洲各國雖然因為工業革命帶來了繁榮，卻在 1870 年代大幅衰退。**為了度過這個危機，歐洲列強使用強大軍事力量侵襲亞洲與大洋洲。**因為帝國主義使得世界被分割，加上各國列強間牽連的結果，埋下了後來的第一次世界大戰導火線。

帝國主義主導下的政策

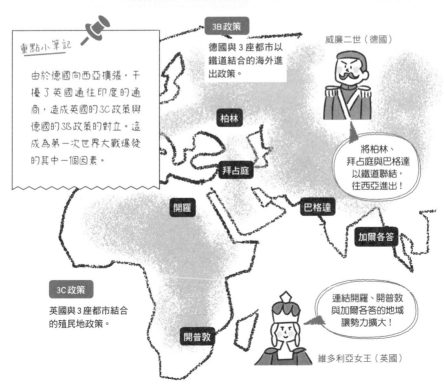

重點小筆記

由於德國向西亞擴張，干擾了英國通往印度的通商，造成英國的3C政策與德國的3B政策的對立。這成為第一次世界大戰爆發的其中一個因素。

3B 政策
德國與 3 座都市以鐵道結合的海外進出政策。

威廉二世（德國）

柏林

拜占庭

開羅

巴格達

加爾各答

將柏林、拜占庭與巴格達以鐵道聯結，往西亞進出！

3C 政策
英國與 3 座都市結合的殖民地政策。

開普敦

連結開羅、開普敦與加爾各答的地域讓勢力擴大！

維多利亞女王（英國）

歷史 13 市民革命

面對擁有極大權力的國王，市民為了獲得權利與自由而革命。

16～18世紀的歐洲，出現了絕對王權的政治體制，這是由一個強大的國王集權支配著國家。**市民因反對絕對王權，興起了爭取權利與自由的市民革命**，而透過這些革命開通了近代國家體制的道路，以英國革命（清教徒革命與光榮革命的總稱）、美國獨立革命、法國大革命為代表。

世界各國所引發的市民革命

清教徒革命

查爾斯一世 VS 議會

國王鎮壓清教徒（Puritan），而以清教徒為中心的議會將國王處刑。

光榮革命

詹姆斯二世 VS 議會

清教徒革命後，由於議會的獨裁引發市民反抗，王政復活。國王與議會間對立，詹姆斯二世流亡。最後以不流血的手段更迭政權，實現立憲君主制。

波士頓茶會事件

英國發布茶葉法案，引起反對其經濟支配的聲浪，最後引發革命。

英國

如果愛國就要喝咖啡！

美國

美國獨立革命

曾經是英國殖民地的美國，十三個殖民地聯合與英國對抗，取得獨立的勝利（美國獨立戰爭）。

法國

麵包太貴啦！

食材十分缺乏誒！

法國大革命

民眾對於王政抱持不滿，襲擊了巴士底監獄，爆發法國大革命。革命的領導人羅伯斯比實行恐怖政治，垮台之後，由拿破崙掌握權力。

歷史 14
工業革命

從英國開始的工業革命，不只是產業有所革新，連同社會構造也產生改變。

工業革命始於18世紀後半至19世紀前半的英國，使得工業與社會發生重大變革。隨著紡織機與蒸汽機等新技術的出現，有機械設備的大工廠能夠大量生產，**同時也實際應用於蒸汽火車與蒸汽船，交通設備獲得改良而得以大量搬運原料與製品。**這使社會結構產生巨大變化，確立了近代資本主義經濟。

透過技術創新發展經濟

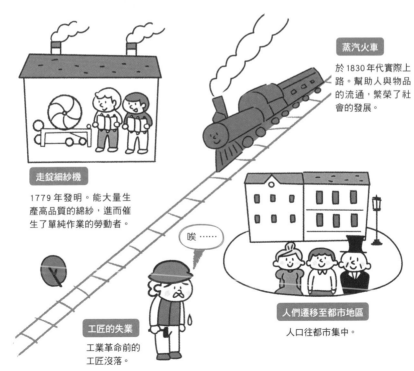

蒸汽火車

於1830年代實際上路。幫助人與物品的流通，繁榮了社會的發展。

走錠細紗機

1779年發明。能大量生產高品質的綿紗，進而催生了單純作業的勞動者。

唉……

工匠的失業

工業革命前的工匠沒落。

人們遷移至都市地區

人口往都市集中。

歷史
15 民族國家

自市民革命從君主手中奪取權力後,以國民為共同體的民族國家誕生了。

當國民擁有共通的語言、文化、傳統,並透過使人民擁有共同體的意識,民族國家(國民國家)就建立起來了,它是透過市民革命,奪取君主的集權統治而產生的近代國家體制,藉由人民團結一心以獲得強大的力量。但是,由於被要求需對國家忠誠並懷抱歸屬意識,造成少數派被強制同化。

民族國家的特徵

意識形態

隨著資本主義的發展，出現了不平等的狀態，對此做出批判的社會主義誕生了。

社會群體等共有的思想稱為意識形態，常用於涉及政治的意見與思想傾向。創造平等社會的社會主義也算是意識形態的一種，旨在糾正資本主義的不平等。**受德國的經濟學家卡爾・馬克思（Karl Marx）、弗里德里希・恩格斯（Friedrich Engels）的影響，社會主義廣為傳播，1922 年史上第一個社會主義國家的蘇聯誕生了。**在那之後，蘇聯與資本主義的美國因對峙而形成冷戰狀態。

04
歷史

社會主義思想於世界各國傳播

1918 年
匈牙利共產黨興起

在全世界傳播開來。

1917 年
俄羅斯革命

1920 年
法國共產黨興起

1921 年
中國共產黨興起

資本主義不好！

1924 年
蒙古人民共和國建國

1922 年
日本共產黨興起

受俄國革命的影響，共產黨開始在世界各地興起，社會主義國家也誕生了。

1920 年
印尼共產黨興起

冷戰

歷史 17

美國與蘇聯雖然沒有實際發生過戰爭，卻有段長時間的激烈對峙。

第二次世界大戰後，在蘇聯的影響下，東歐各國成為社會主義國家。另外，由於美蘇的對立，德國分裂成東德與西德，朝鮮半島分裂成南韓、北韓。以美國為中心的資本主義等西方列強，與以蘇聯為中心的社會主義東歐嚴重對立。**像這樣不使用兵器抗爭的狀況稱之為「冷戰」**，冷戰持續到了 1989 年的馬爾他峰會。

持續 44 年的冷戰

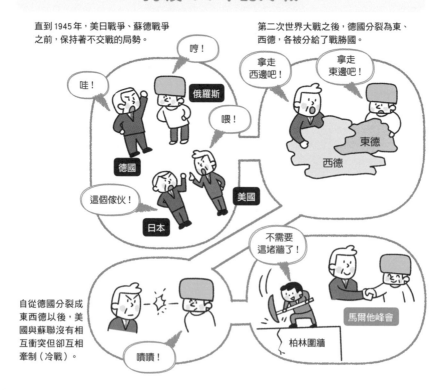

直到 1945 年，美日戰爭、蘇德戰爭之前，保持著不交戰的局勢。

第二次世界大戰之後，德國分裂為東、西德，各被分給了戰勝國。

哼！

哇！

俄羅斯

喂！

拿走西邊吧！

拿走東邊吧！

東德

西德

德國

這個傢伙！

美國

日本

不需要這堵牆了！

馬爾他峰會

自從德國分裂成東西德以後，美國與蘇聯沒有相互衝突但卻互相牽制（冷戰）。

噴噴！

柏林圍牆

全球化

歷史
18

冷戰結束後，人們、商品、情報等開始跨越國境積極地往來。

冷戰終結後，產生了將世界視為一個共同體「global」（全球性之意）的概念。透過 IT 技術與交通工具的發展，讓人們、商品、情報變得能夠積極地交互往來，**各國相互依存著，國際社會的動向也變得不能忽視了**。雖然全球化似乎讓世界看起來變得單一化，但倒不如說是朝著多樣化進展。

04
歷史

單位從國家變成世界！

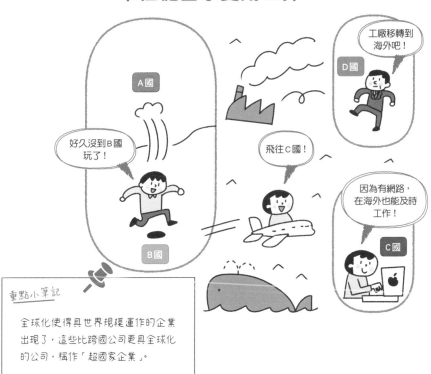

歷史 19 培理與日本

來自美國的培理（Matthew Perry）乘著黑船來到浦賀叩關，從此日本結束鎖國，進入近代。

在日本史中，從近世到近代移轉的關鍵點就是開國。江戶幕府一直採取鎖國政策，直到1853年培理的來航才結束。明治維新的起始有各式說法，一說是指德川幕府末期到明治政府建立近代國家的變革為始，但通常以培理叩關作為起始較為常見，也就是說，**培理的到來揭開了日本近代的帷幕。**

近代日本的開端始於黑船

請開國！

培理

美國經由太平洋航線與清朝（中國）進行貿易，在途中必須補給燃料，因此強制日本開國以作為停靠港。

大型的西洋船隻被稱為「黑船」。

怎麼來了這麼多艘巨大的船呢？

是黑船！

日本可能是落後的國家。

重點小筆記

1854年《日美和親條約》（神奈川條約）建立起美國與日本的外交關係。之後，日本也與英國、俄羅斯、荷蘭締結了同樣的條約。

戰後復興

歷史 20

日本雖因敗戰遭受了巨大損失，但在經濟改革後達到顯著的復甦。

由於第二次世界大戰的戰敗，日本的經濟受到嚴重的影響，加上戰地返回的軍人等人員開始求職，也讓大量的失業者憂心忡忡。另外，因為物資不足，導致爆炸性的通貨膨脹，糧食短缺的情況惡化，使得許多國民飽受痛苦。在這種情況下，**政府與 GHQ（駐日盟軍總司令部，General Headquarters）進行財閥解體等的經濟民主化，也在 1950 年朝鮮戰爭的特需中讓日本的經濟恢復生機。**

經濟民主化與特需中的復興

1946 年 農地改革

戰前，多數農民是沒有自身土地的佃農。政府購買土地並便宜讓售給佃農，使得農民們大幅提升生產意願。

有了自己的農地！

財閥解體

支配著日本經濟界的財閥被解體了。包含從明治時代開始的三井、三菱、住友、安田四大財閥，共 15 大財閥的資產遭到凍結。

就此解體吧！

知道了！

1950 年 朝鮮戰爭

朝鮮戰爭爆發。日本透過生產與修理美國的軍需品，使得景氣變好。

請製作軍需品！

成立工會吧！

勞動三權的確立與工會的形成

1945 年由《勞動組合法》中認定了勞工的團結權、團體交涉權、爭議權。1947 年為了排除惡劣的勞動環境制定了《勞動基準法》。

已經不再是「戰後」了！

1956 年 戰後復興

用一句話展現戰後成功的顯著復甦，《經濟白皮書》這樣寫道：「現在已經不是戰後了」，同時也成為了流行語。

好！

歷史 21 泡沫經濟

1986～1990 年左右日本一直維持著景氣繁榮的狀態，之後卻不幸萎縮了。

1986～1990 年的日本出現泡沫經濟。一開始是**為了修正美元的升值，日、美、英、德、法一致於 1985 年簽署了《廣場協議》**。隨著日圓走強，日本銀行採取低利率政策，讓過剩的資金流入市場，造成股價與地價比實際情況高漲。日本銀行於 1989 年中止了低利率政策，大藏省（財務省前身）於 1990 年對不動產方面的融資進行規制，導致了泡沫的崩壞，股價與地價進入低迷期。

泡沫經濟與崩壞

廣場協議
為了修正美元的升值，日、美、英、法、德一致簽訂。

低利率政策
銀行的利率調降，形成史無前例的「金錢過剩」狀況。

泡沫經濟

取消低利率吧！

政府單位

泡沫崩壞

同意！

錢的話有喔！

哇！

日圓升值蕭條
受到《廣場協議》影響，衰退浪潮到來。

調整利率吧！

重點小筆記

被作為泡沫象徵的迪斯可舞廳「茱莉安娜東京」，其實是於1991年5月泡沫經濟結束之時開業的。

剩餘的金錢流入市場，讓股價與土地以高於實際價格飆升。泡沫經濟的世界中，高級住宅與高級車的銷量很好，高級舞廳也常客滿，情侶到高級飯店約會，企業則是收購海外資產。然而，由於這個景氣是很虛幻的，以致於極速地崩毀了。

失落的 20 年

隨著泡沫化讓日本經濟由全盛到衰退。從那之後約 20 年期間，日本經濟持續呈現低迷狀態。

泡沫經濟讓股價與地價急速上升，也產生了反作用，泡沫崩壞後股價與地價下跌，使得日本經濟長期低迷。**到恢復為止花了非常長的時間，1990～2010 年的期間被稱之為「失落的 20 年」。**這 20 年中，金融危機與企業破產的增加、非正規勞動力僱用的增加、奧姆真理教事件、阪神大地震等事件發生，讓日本充滿了窒息感。

04
歷史

帶來窒息感的 20 年

金融危機

由次級貸款問題引發了金融危機，日本經濟進入低迷。

非正規雇用

衰退的情況下為了降低成本，愈來愈多企業僱用非正規員工。

企業破產

破產 破產

隨著銀行的信貸緊縮與強行回收貸款，讓中小企業相繼破產。

阪神大地震

侵襲大都市的直下型大地震，也對經濟層面產生莫大的影響。

失落大展

在那之前日本被說是「一億總中流社會」*，但是在失落的 20 年裡，誕生了大量無法成為中產階層的人。也讓象徵工作穩定的終身雇用制度隨之崩毀。

＊譯註：在終身僱用制下，九成左右的國民都自認為中產階級。

歷史 23 日本之名由來

「日本」此一國名對於我們來說很是熟悉，但由來是什麼呢？

以「日本」作為國號記載，始見於西元 701 年的《大寶律令》中，但是**關於「日本」的由來有眾多說法**。最有力的兩個說法中，其一為「太陽之本的國」到「日之本」，而形成了「日本」。另一個說法為，由於中國看往日本是在朝陽的方向，有「太陽升起的原初地」之意，所以稱之為「日本」。

日本的各式「名稱」

日本曾有各式各樣的舊名稱，如「大八洲」等。「倭」則是在中國對日本的稱呼。

倭

大和

葦原中國

秋津島

大八洲

豐葦原瑞穗國

重點小筆記

「日本」的讀音為「Nihon」與「Nippon」兩種。1934 年文部省臨時國語調查會試圖以「Nippon」作為統一稱謂，卻沒有被政府採納。

日本人的誕生

直到進入明治時代，才誕生了「擁有日本國籍的人」之含意的日本人。

國名「日本」雖然從以前就存在著，但是作為制度上的日本人的誕生，是進入近代之後的事情了。1871年明治政府制定了《戶籍法》，並於1873年由太政官布告出來，這個公告確立了國籍不同的人士在婚後的國籍應對。**就「擁有日本國籍的人」這層意義上所定義的日本人而言，可說是1873年才誕生的**，因為在這之前並沒有國籍的規定。

近代以後出生的「日本人」

重點小筆記

太政官布告中決定了國籍的應對，但是法律上制定《國籍法》則是到了1899年的時候。

妻子似乎是需要歸入丈夫國籍的樣子。

等一下，在明治時代之前沒有國際結婚的規定嗎？！

也就是說，女生會被當作日本人來對待嗎？

兩人的國籍會怎麼變化呢？

是日本人與外國人的結婚典禮！

假定「日本人與外國人結婚的情況下要怎麼辦呢？」而首次訂定了涉及國籍的相關規定。

歷史 25 國家意識

基於明治政府的各種政策而催生了「我是日本人！」的身分意識。

多數人對於出生與成長的土地有所依戀，然而**「我是日本人！」的這種國家意識是在明治維新之後的政策才形成的**。江戶時代的幕藩體制社會中，比起幕府而言，藩國是直接的統治者，所以人民對於藩國是更有歸屬意識的。但是，明治時代成立了民族國家後，透過國旗、國歌與標準化的語言等等，讓國民對國家產生了認同意識。

身為日本人的意識是從什麼時候開始的呢？

江戶時代

長州國吧！

不對，是會津國吧！

明治時代

薩摩國。

我們是日本人！

江戶時代，除了藩與藩之間的移動被限制之外，由於每個藩的文化與語彙也有很大的差異，要讓民眾持有「自身是日本人」的意識是困難的。比起對國家的歸屬意識，對於藩的歸屬意識更為強烈。

重點小筆記

明治以後，為了與西方列強對抗，政府施行政策強化了民眾身為日本人的意識。

歷史 26 made in Japan

第一次世界大戰～第二次世界大戰期間，來自海外的評價皆表示「日本製＝品質粗糙」。

現代的日本人都知道「made in Japan」被海外視為高品質的象徵，但是在戰前並非如此。第一次世界大戰期間，歐洲成為主戰場，日本收到來自海外大量的商品訂購，**為了急速應對大量訂單，導致商品的品質不佳。**「made in Japan」評價的提升是在戰後高度經濟成長期之後的事了。

日本製曾經是便宜沒好貨的代名詞

日本改善品質是在 1960 年左右之後。在那之前「made in Japan」曾是廉價品的代名詞。

歷史 27 日本與外國

海外對日本抱有好感的國家很多,其原因是什麼呢?

對日本抱有好感的國家在非洲、中東與東南亞等地並非少數。在非洲,由中國主導的援助進行建設作業時,資金往往不會留在當地,**但日本的援助是以資金實際支援當地的形式進行,因此受到歡迎。**另外,東南亞各國則是了解日本在為戰爭時期的侵略行為做出反省、支付賠償金等彌補,因此抱有好感。

日本受到喜愛的理由為何?

東日本大震災

歷史 28

歐美思想中的個人主義在戰後的日本興起。然而，在 2011 年的地震後發生了變化。

日本在戰後開始尊重個人主義的發展。原本與社會和地區有所連結的模式被描述為舊日本式的想法。然而，在 2011 年東日本大地震後，想法完全改變了，人們開始重新審視「絆」（羈絆）的意義。人與人之間跨越利害關係並緊密連結，讓全世界的人們都在關注，**雖然是死者超越 1 萬 5,000 人的前所未有大災難，卻也成為日本人重拾過往自豪感的一大契機。**

04
歷史

讓日本產生變革的大震災

來收取自治會的款項囉～

無視、無視！

首先要讓自己幸福才對！

震災之前的日本，追求個人利益蔚為風潮。

搖搖晃晃

唉呀～

2011 年 3 月 11 日發生東日本大震災。

和鄰居關係良好！

鄰里是很重要的！

以地震為契機再次了解到人與人之間聯繫的重要性。

重點小筆記

震災中日本人的態度獲得來自世界的讚賞。除了技術與動畫等等，日本的文化也開始受到關注。

Chapter 4

關鍵詞及關鍵人物
補充說明
歷史

☑ 關鍵詞
時代區分 (P.62)

根據每個時代的特徵劃分時代的流向。

☑ 關鍵詞
市民社會 (P.63)

市民階層打倒封建的身分制度，並實現了保障自由與平等的社會。

☑ 關鍵詞
環境問題 (P.64)

隨著人類的活動而產生的環境變化，以及汙染或是人口爆發等各式各樣的問題。

☑ 關鍵詞
應仁之亂 (P.65)

自 1467 年持續到了 1477 年的室町時代內亂，也被稱為應仁‧文明之亂。

☑ 關鍵詞
第二次世界大戰 (P.66)

1939 年～1945 年發生第二次的世界戰爭。日本所稱的「戰後」，指的是第二次世界大戰之後。

☑ 關鍵詞
羅馬天主教會 (P.67)

以羅馬教皇作為神的代理人的基督教主流組織。有著基督教作為新教，天主教作為舊教的區別。

☑ 關鍵詞
約翰尼斯‧古騰堡 (P.68)

活字印刷技術的發明家。在那之前的印刷技術為抄寫或是木版印刷。

☑ 關鍵詞
馬丁‧路德 (P.69)

批判羅馬天主教會，為發動宗教改革的中心人物。

☑ 關鍵詞
法國大革命 (P.70)

18 世紀後半在法國發生的市民革命運動。也因為這個革命，法國建立起近代國家體制。

☑ 關鍵詞
文藝復興 (P.71)

由義大利開始並擴展至西歐的思想與藝術等改革運動。為近代歐洲文化的基礎。

☑ 關鍵詞
殖民地 (P.72)

外來國家政權以政治和經濟支配的地域。常指大航海時代西方列強所劃分的地域。

☑ 關鍵詞
第一次世界大戰 (P.73)

1914 年～1918 年發生的世界大戰。戰亡者達 1,600 萬人，也是人類史上最多犧牲者的戰爭。

☑ 關鍵詞
絕對王權 (P.74)
- -
國王握有絕對權力的政治形態。

☑ 關鍵詞
紡織機 (P.75)
- -
紡織的機械。因為紡織機的登場,社會產生變革,誕生了進行單純作業的勞動者。

☑ 關鍵詞
歸屬意識 (P.76)
- -
對於某個特定的集團抱有從屬感。

☑ 關鍵詞
弗里德里希‧恩格斯 (P.77)
- -
於公於私都支持著馬克思的政治思想家,也是社會主義者。

☑ 關鍵詞
社會主義國家 (P.78)
- -
標榜社會主義的國家。雖然數量減少了,現存的國家仍有如越南與北韓等。

☑ 關鍵詞
IT 技術 (P.79)
- -
使用電腦的情報通信技術。

☑ 關鍵詞
鎖國 (P.80)
- -
江戶幕府對貿易所進行管理與統治的對外政策。

☑ 關鍵詞
GHQ (P.81)
- -
因應第二次世界大戰中日本投降,而設立於日本的同盟國機關。

☑ 關鍵詞
《廣場協議》 (P.82)
- -
美國、法國、英國、西德與日本針對關於外匯安定的共同協議。

☑ 關鍵詞
泡沫崩壞 (P.83)
- -
泡沫經濟產生破綻,景氣急速衰退的情況。

☑ 關鍵詞
《大寶律令》 (P.84)
- -
西元 701 年,文武天皇時代制定的法律。誕生了以天皇為中心的律令國家。

☑ 關鍵詞
《戶籍法》 (P.85)
- -
明治 4 年（1871 年）訂定的制度。亦稱作壬申戶籍,以 1872 年的干支作為命名。

☑ 關鍵詞
幕藩體制 (P.86)
- -
幕府與藩國建構出日本的封建體制。

☑ 關鍵詞
高度經濟成長 (P.87)
- -
日本經濟規模以飛躍式成長的現象,發生於 1954 年到 1973 年。

☑ 關鍵詞
侵略行為 (P.88)
- -
行使武力進行侵占領土的行為。

☑ 關鍵詞
絆 (P.89)
- -
歷經東日本大震災,人與人之間變得相互支持與互相幫助的關鍵詞。

Chapter

5

*World's liberal arts
mirudake notes*

經濟

Economy

不了解經濟，
就無法了解世界

　　人們進行買賣活動時，也同時思考著這之中是否有著何種規律性，經濟學於焉誕生。

　　本章從被稱為近代經濟學之父的亞當‧史密斯開始，一直談到最新的行為經濟學理論，一一為你釐清闡明。

亞當・史密斯

亞當・史密斯（Adam Smith）被稱為「近代經濟學之父」，他所著的《國富論》以研究「何為財富」為主題。

亞當・史密斯的《國富論》中將財富定義為「透過國民勞動而產生的生活消費必需品及利益」，那麼該如何才能增加財富呢？亞當・史密斯關注的是透過「分工」來提高生產效率。他認為人都是懷著「為了自身利益」此一利己心而工作的，這最終將導致以分工形式來促進經濟運轉並增加財富。

財富是如何產生的呢？

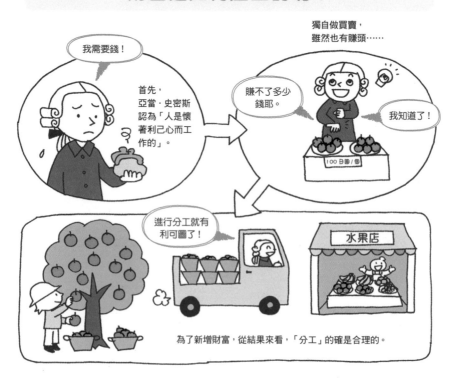

我需要錢！

首先，亞當・史密斯認為「人是懷著利己心而工作的」。

獨自做買賣，雖然也有賺頭……

賺不了多少錢耶。

我知道了！

100日圓／個

進行分工就有利可圖了！

水果店

為了新增財富，從結果來看，「分工」的確是合理的。

經濟
02

看不見的神之手

亞當·史密斯所說的「看不見的手」是指市場經濟有其自動調整的內在機能。

《國富論》提出的「看不見的手」，此一概念是指**若每個人依著最大化的各自利益採取行動的話，市場整體便會自然地以最佳狀態發展。**換言之，經濟活動會透過「看不見的手」自動調節，無需過度規範，任其自由發展會比較好。亞當·史密斯從自由競爭的觀點出發，闡明了經濟的結構。

看不見的神之手讓市場能自然形成平衡

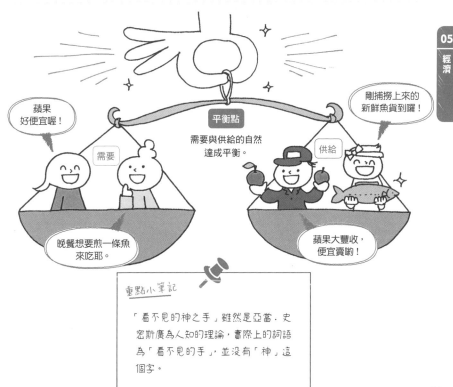

蘋果好便宜喔！

平衡點
需要與供給的自然達成平衡。

需要

剛捕撈上來的新鮮魚貨到囉！

供給

晚餐想要煎一條魚來吃耶。

蘋果大豐收，便宜賣喲！

05
經濟

重點小筆記

「看不見的神之手」雖然是亞當·史密斯廣為人知的理論，實際上的詞語為「看不見的手」，並沒有「神」這個字。

經濟
03

馬克思主義

馬克思對資本主義的問題點進行了批判性的分析,並預測了社會主義的到來。

馬克思在他的著作《資本論》中明確指出,資本家獲得的資本利潤,其源頭正是來自於勞動階級生產過程中產生的超過工資部分的價值(剩餘價值)。更甚者,此一生產關係實質上包括了資產階級和勞動階級的對立,且**資本主義終將達到極限,社會主義將得以建立**。它的影響十分深遠,然而20世紀雖誕生了社會主義國家,卻多數以失敗告終。

理想的馬克思主義

你累積很多資產了吧。

再給我們多點錢!

已經發給你們很多薪水了吧!

勞動者

資本家

不!

只有富人受益的世界是不對的!財富應該平均分配給每一個人。

努力也沒有收穫。

薪水還是一樣的話,真是讓人提不起勁啊!

馬克思

結果……

馬克思主張資本家和勞工之間將發生衝突,並最終將達到極限。

雖然誕生了社會主義國家,但卻沒有在世界上扎根。

經濟 **04**

凱恩斯經濟學

凱恩斯（John Keynes）的經濟理論提倡政府只要透過適當的經濟政策，即能克服資本主義產生的問題。

凱恩斯經濟學誕生於 1930 年代的經濟大蕭條時期，當時該理論能形成劃時代的思潮，歸因於他提倡**政府應在經濟衰退期間，調動其資金，以創造與過剩的供給端產能相稱的需求**，也就是透過發行政府債券擴大公共建設。再者，在徵稅方式上，則主張「累進稅制」，這為日後的現代經濟學帶來了一場被稱為「凱恩斯革命」的變革。

提倡透過國家推行經濟政策

找不到工作呀。

好閒喔。

19 世紀時，需要與供給並不平衡。

國家不干涉市場的自由主義經濟是行不通的，應該要介入才對。

凱恩斯

可以提供工作唷！

真的嗎？！

政府

有工作可做了。

今晚一起喝一杯吧！

由於凱恩斯的提倡，政府開始介入經濟活動。

主張政府介入經濟活動的凱恩斯主義有一定的效果。

05

經濟

乘數效果

凱恩斯經濟學的重點在於提倡投資支出能產生更大效應的「乘數效果」（Multiplier effect）。

例如，政府拿出100萬日圓的經費經營某項公共事業，接到訂單的公司從100萬日圓營業額中拿出80萬日圓購買混凝土的話，就會產生80萬日圓的消費，若混凝土公司從80萬日圓的營業額中以64萬日圓購買混凝土原料的話，就會產生64萬日圓的消費，僅此就消費了144萬日圓，也就是说，**公共投資能夠刺激民間投資和個人消費，而使得國民所得增加**的就稱為「乘數理論」。

乘數效果能讓經濟運轉

重點小筆記

在投資中，乘數（乘法）的倍數變動延伸出乘數理論，被視為能刺激經濟蓬勃發展的利器。

密爾頓・傅利曼

經濟 06

傅利曼（Milton Friedman）是重視市場機制並徹底主張自由主義的「新自由主義」旗手。

傅利曼主張「對人類而言，自由十分可貴，能自由行動才是最好的選擇」。**他批判政府過度干預經濟，並強調基於個人自由以及責任的競爭與市場力量。**這種新自由主義思想對每個國家政策都有很大的影響，例如「小政府」及「促進民營化」等。另一方面，它的「勝者全取」論點也是助長貧富差距社會的一個原因。

歷史的反覆性

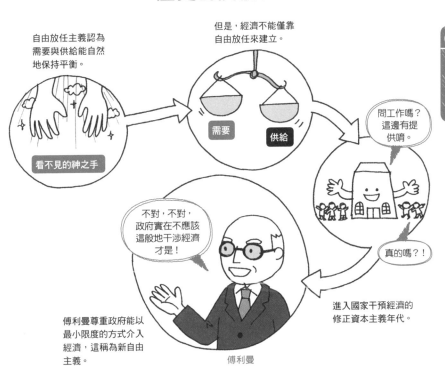

自由放任主義認為需要與供給能自然地保持平衡。

看不見的神之手

但是，經濟不能僅靠自由放任來建立。

需要　供給

問工作嗎？這邊有提供唷。

真的嗎？！

進入國家干預經濟的修正資本主義年代。

不對，不對，政府實在不應該這般地干涉經濟才是！

傅利曼尊重政府能以最小限度的方式介入經濟，這稱為新自由主義。

傅利曼

05
經濟

99

經濟

07

資本主義

資本主義是一種經濟活動和體系，其根本目的是追求差異帶來的利潤。

「低買高賣」，換言之，即是追求因差異而生的利潤的一種商業活動，即為<u>資本主義的起源</u>。例如，從某個國家進口織品，在本國則以更高價位售出。追求利潤的結果，資本主義便催生了資本家及勞動者這兩個階級，**資本家不直接從事生產，他們構築出投入資本、提供薪水並雇用勞動者為其工作的體系。**

資本主義的形成

以生產為目的的經濟產業誕生之前的資本主義是利用與偏遠地區的價格差異獲利的「商業資本主義」。

A國

這件織品以100日圓賣給我吧！

成交！

本國

1000日圓

這件織品怎麼賣？

資本家

這是我做為本錢的資金，若支付等價成本的話就能賺更多。

沒問題！

勞動者

我會開始大量採購原料。

來幫我製作服裝，會支付薪水給你們喔。

資本家為了追求利益，會開始僱用勞工。

工業資本主義

經濟 08

工業資本主義是指，以工業革命為契機，開始由機械型工廠大量生產，並利用廉價勞動力追求利潤的體系。

18世紀中葉，英國爆發了**工業革命**，催生出新的資本主義形式——工業資本主義。工業革命形成了以機械生產為主的工廠作業模式，實現了大量生產。也就是說，**在工業資本主義中，機械型工廠是主要利潤來源，而背景是農村地區廉價勞動力的供應**。在此工業資本主義中，作為資本主義核心的資本家，藉由雇傭和勞動手段並賺取利潤的機制已明確成形。

擴大產業規模以增加收益

我會將材料及工具借給你，請幫我製作衣服。

工業資本從小規模形式開始的。（經銷商形式的家庭工廠）

完成了。

只做了一件啊？！

因為規模小，理所當然生產力不高。

在大型工廠內導入機械作業來生產的話，就能大賺一筆了。

嘰嘰轉動

金屬碰撞聲

金屬碰撞聲

出現需投入巨大資本的工業資本主義之後，更拉大了資本家與勞動者之間的貧富差距。

101

經濟大蕭條

經濟大蕭條（Great Depression）是指 1929 年 10 月紐約股市崩盤而導致的全球性經濟衰退狀況。

第一次世界大戰之後，美國取代了凋敝的歐洲成為世界經濟中心，也促使美國國內投資汽車、家電等新興工業十分盛行，然而，那些不符合**實體經濟**的過度投資開始浮出水面，**投資者們大量拋售股票而使得股票價格暴跌，經濟衰退現象波及到全世界。**而在大蕭條時期的應對措施形成的集團經濟（Bloc economy）和法西斯主義，成為了第二次世界大戰的導火線。

因過度投資而導致世界經濟崩潰

認為生產愈多就能賣出愈多的生產商，持續產出超過需求的產品。

因供給過剩，「看不見的手」也未起作用，需求並未增加。

因投資者拋售股票導致股價暴跌，工廠也被迫關閉，造成許多人失業。

經濟
10 雷曼兄弟風暴

2008 年，因國際性金融機構雷曼兄弟控股公司宣布破產而造成的世界性經濟危機事件。

導致雷曼兄弟風暴的罪魁禍首為美國<u>次級貸款</u>（Subprime lending），這是指購入屋宅時，即便是低所得者也能辦理的貸款。這類型應收貸款以「有價證券」的形式出售給市場，但房貸下跌導致不良貸款債權大幅增加。**經營次級貸款的雷曼兄弟公司破產後股價狂跌，對世界經濟也產生巨大的影響。**

全世界因負面連鎖效應而不知所措

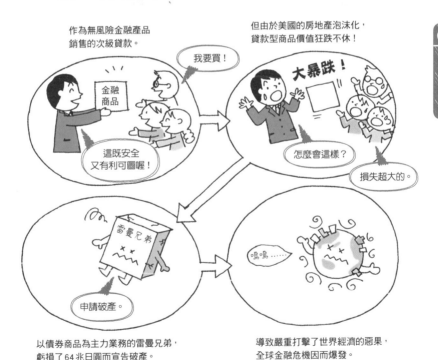

作為無風險金融產品銷售的次級貸款。

我要買！

金融商品

這既安全又有利可圖喔！

但由於美國的房地產泡沫化，貸款型商品價值狂跌不休！

大暴跌！

怎麼會這樣？

損失超大的。

雷曼兄弟

申請破產。

嗚嗚……

以債券商品為主力業務的雷曼兄弟，虧損了 64 兆日圓而宣告破產。

導致嚴重打擊了世界經濟的惡果，全球金融危機因而爆發。

理性經濟人

傳統的經濟學以人們能基於理性判斷、計算後再行動的「理性經濟人」為前提。

在經濟學中，認為人們應該會以理性和功利性判斷來行動，所謂功利即意味著選擇最有利可圖的項目，例如，假設雞肉的售價為每100克／128日圓，而旁邊擺著同樣品質的雞肉卻只賣68日圓時，我們總會選擇便宜的買，這樣的思考和行為**在經濟學中被稱為「理性經濟人」。**

人們常常是理性行動的嗎？

行為經濟學

將人類的情感和心理行為結合起來分析經濟現象及活動的學問就是行為經濟學。

行為經濟學試圖透過「關注人們未必總是那麼理性」此一事實來解釋經濟現象，這是一門在**人們判斷和採取行動時強調直覺和情感並闡明其機制的學科**。例如，若同時擺著 500 日圓和 1,000 日圓的產品時，大多數人會選擇 500 日圓的商品，但當一旁還放著 2,000 日圓商品的時候，1,000 日圓商品的銷售額就會有提升的現象。

人並非總是理性的

當只有兩種類型的商品時，大多數人會選擇便宜的買。

當一擺上 2,000 日圓的便當，比起 500 日圓便當，1,000 日圓的會更好賣。

13 啟發法

在行為經濟學中，直覺性地概括事物並進行決策，稱為啟發法（Heuristic）。

例如，當被問及「日本上班族的平均年收入是多少？」時，記得在最近的新聞中有報導是400萬日圓，因此憑藉這個記憶做出回答；或者，某位投資者在聽到颱風造成災害的消息後，立即購買了某家建築公司的股票，**類似這樣以訊息和經驗為基礎，使用直覺進行粗略思考並做出決策的稱為啟發法。**

憑藉記憶和經驗進行決策

運用腦海中保存的情報資訊粗略地
思考事物就稱為啟發法。

維持現狀的偏見

經濟 14

> 比起嘗試新的事物，更希望維持現況的心理傾向，就稱為維持現狀的偏見（Status quo bias）。

我來試著舉出「維持現狀的偏見」案例吧，**日本電子製造商之所以失去競爭力，是因為他們沉迷於過往的成功經驗，沒有努力嘗試新方向，而是執著使用傳統作法。** 另外，飲用同一品牌啤酒，維持現狀的偏見也會影響講究某個特定品牌的人的心理，這種對思維方式的關注，在市場行銷中也被活躍地運用著。

維持現狀是人類的特性

雖然新路開通了，但我還是習慣走原有的這條路。

新路開通

今日開幕

豬排丼

牛丼

開了新店耶……

但常光顧的牛丼店還是比較令人安心呀！

喵～

人們若改變當前的行為和思維方式，心理就會感到壓力，於是總優先採取熟悉的行為作法。

05
經濟

經濟
15

初始效應

第一印象或是最初接收到的訊息會對於判斷、進行決策產生莫大影響的,稱為初始效應(Primary effect)。

有一句話說:「人九成看外表」,這表明了「乍看一眼」的印象可能會對我們的認知產生決定性的影響,這就稱為初始效應。耳朵聽聞到的訊息也會有同樣的效應,像是聽到「那個人的性格雖差,但卻很優秀」以及「那個人雖然優秀,但性格惡劣」這樣的說法時,即會產生差距極大的印象,在這種情況下,於初期階段獲得的資訊會持續保留在腦海中。

人會受到最初印象和資訊影響

新近效應

與初始效應相反，愈新的訊息可能會更加令人印象深刻和難忘，這稱為新近效應（Recency effect）。

用單字練習本記憶英文單字時，雖然能記住最後出現的單字，最開始記憶的卻已經忘記……，這即為**新近效應**發揮作用的例子，或者，在討論是否要買新車時，每次看網站上的評論都會有所動搖，這也是因最新資訊而影響判斷的事例。**最新的資訊容易留在記憶中，對於決策也會產生相應的影響。**

最新情報會左右決策

對於新接收的資訊和學習內容，
會更容易做出決策。

109

經濟
17 從眾行為

比起單獨一人，人們在群聚時更是感到心安，這種心理狀態就稱為從眾行為（Herd behavior）。

從眾行為源自於有「牧群」之義的「herd」這個字，這是因人們容易尋求成群結隊這般的群眾心理所形成的現象，**成群的羊有追隨前頭羊的習性，而這樣的心理傾向人類也有**。如果被大眾正進行中的事情吸引了注意力，就會在不知不覺中被捲入當前的主流中，在街頭巷尾掀起的各種排隊熱潮就是個很好的例子，人們對聚集在一起總能感到安心。

追隨流行的群眾心理

人們有時候會做出不合理的決定，
從眾行為就是其中之一。

輕推理論

在有自由選擇的餘地下被引導往合理有利的方向發展的行為就稱為輕推理論（Nudge Theory）。

輕推（Nudge）有著「為了引起注意而用手肘輕輕碰一下」的意思，其衍生出在允許個人自由選擇的同時，為了促使做出更好的決定而提示更有利選擇的方法。例如：看到便利商店地上貼的腳印，不知不覺中就會跟著開始排隊。輕推理論用於政策推動時備受推崇，**相當有助於提升生活品質和社會發展。**

輕推理論在便利商店的運用

05
經濟

輕推理論在讓消費者有選擇餘地的基礎上，給人一種自發性選擇的感覺。

經濟

☑ 關鍵詞
《國富論》 (P.94)

為1776年亞當．史密斯所出版之著作，它被定位為近現代經濟學的起點。

☑ 關鍵詞
自由競爭 (P.95)

除去國家、政府等的制度干涉，依據大多數的供給需求狀況讓經濟活動自由發展的狀態。

☑ 關鍵詞
資產階級 (P.96)

支付薪資以僱用勞動者的社會階層，也稱為布爾喬亞（Bourgeoisie）。

☑ 關鍵詞
勞動階級 (P.96)

向資本家提供勞動力而因此獲取報酬的社會階層，也稱為普羅大眾（Proletariat）。

☑ 關鍵詞
累進稅制 (P.97)

所得愈高，稅率愈高。

☑ 關鍵詞
乘數理論 (P.98)

為解釋投資如何透過乘數效果以增加國民收入的理論。

☑ 關鍵詞
新自由主義 (P.99)

支持極力排除國家介入經濟活動的立場，主要代表人物為美國經濟學者密爾頓．傅利曼。

☑ 關鍵詞
資本主義的起源 (P.100)

一種旨在追求差異產生的利潤之經濟現象，經濟活動能自由發展為其大前提。

☑ 關鍵詞
工業革命 (P.101)

18世紀下半葉始發於英國，因生產技術創新而導致的工業發展。

☑ 關鍵詞
實體經濟 (P.102)

指涉及諸如商品和服務貿易等的實質經濟活動，不包括諸如利率、金融交易和信用交易之類的資產。

Chapter

6

World's liberal arts
mirudake notes

美術

Art

藝術的世界裡不是
只有感性

　　儘管在日本不是熟悉的領域，但在歐美，藝
術史是必要的基本文化教養。

　　為何這麼說呢？因為西方文化常以藝術為中
心發展，也將其視為國家和城市身分的代表，
如果你想掌握世界文化，這絕對是不可缺少的主
題。

美術

01 古代美術

在古希臘文明中，誕生了希臘化文明，此種文化也吸收了不同文化的影響。

融合了東方文化的希臘文化，被稱為希臘化文明。支配著希臘強國馬其頓的亞歷山大大帝遠征東方，管轄各地，擴大了希臘的統治範圍，由此產生了融合東西方文化的希臘化文明，**在希臘美術中，特別在雕刻方面有許多出色作品，其生動的人體表現也影響到後來的米開朗基羅及其他藝術家。**

融合不同文化的希臘風格

希臘文化展

亞歷山大大帝

米洛的維納斯
（Venus de Milo）

犍陀羅佛像
（Gandhara）

開疆拓土至土耳其、敘利亞及埃及的亞歷山大大帝，這些地方的文化與希臘文化融合後產生了希臘化文明。

希臘化雕塑的特徵之一是開始表現扭轉的身軀，此種人體表現對日後的藝術產生了很大的影響。

佛教初始並未有偶像崇拜，直到位於印度西北方的犍陀羅地區開始製作佛像。這是受到了希臘化文明的影響。

最遠似乎到達印度河呢！

身體微微扭轉的姿勢好美！

看來偶像崇拜原先是被禁止的！

基督教藝術

羅馬帝國分裂為東西兩帝國後,其中,東羅馬帝國繪製的聖像畫被稱為「ICON」。

早期的基督教藝術禁止模仿神的姿態來進行偶像崇拜,因此以魚和羔羊代替基督來描繪。在東羅馬帝國時期,被稱為「icon」的聖像畫盛行,基督教藝術便開始發展起來,但是,**在帝國內也不斷進行偶像崇拜的爭論,結果發生了激烈的聖像破壞運動(Iconoclasm)**,經歷幾次破壞運動後,於西元9世紀,聖像的製作才被確立而正當化。

聖像破壞運動與基督教藝術

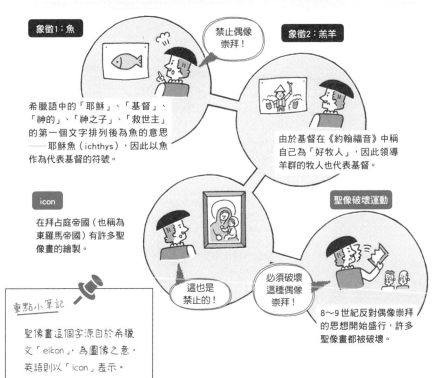

象徵1:魚

禁止偶像崇拜!

象徵2:羔羊

希臘語中的「耶穌」、「基督」、「神的」、「神之子」、「救世主」的第一個文字排列後為魚的意思──耶穌魚(ichthys),因此以魚作為代表基督的符號。

由於基督在《約翰福音》中稱自己為「好牧人」,因此領導羊群的牧人也代表基督。

icon

在拜占庭帝國(也稱為東羅馬帝國)有許多聖像畫的繪製。

聖像破壞運動

這也是禁止的!

必須破壞這種偶像崇拜!

8～9世紀反對偶像崇拜的思想開始盛行,許多聖像畫都被破壞。

重點小筆記

聖像畫這個字源自於希臘文「eikon」,為圖像之意,英語則以「icon」表示。

羅馬式藝術

於 11～12 世紀的修道院中所發展出來的深刻而莊重之羅馬式藝術作品。

11～12 世紀在西歐盛行的藝術風格稱為羅馬式藝術（Romanesque art），「羅馬式」意為「羅馬風的」，是受到羅馬藝術及拜占庭美術所影響的藝術形式。與世俗隔絕的基督教修道院發展出獨特的文化，羅馬式美術在修道院中普遍可見，**石砌的修道院、教會、雕刻石像、溼壁畫（Fresco）、泥金裝飾手抄本（Illuminated manuscript）等等，均為羅馬式藝術的代表典型。**

在修道院中發展的羅馬式藝術

羅馬式建築

羅馬式建築將傳統的木造拱頂改為石造形式（穹窿），於石柱上雕刻聖經故事。

溼壁畫

取代了於東羅馬帝國等地常見的馬賽克畫，多繪製於教堂內部。溼壁畫是一種將灰泥（用於粉刷牆壁等的建築材料）塗在牆壁上，於其乾燥之前繪製圖案的技法。

泥金裝飾手抄本

帶有裝飾性鑲邊和插圖的《聖經》等書籍，稱為「裝飾手抄本」，製作所使用的羊皮紙本身就十分珍貴，因而價格不斐。

美術 04

義大利・哥德式

源於法國的哥德式藝術（Gothic Art）在義大利等地廣泛流行，更加重視繪畫的裝飾性。

哥德式藝術誕生於 12 世紀中葉的法國，**使用了彩繪玻璃等元素，具有雄偉的外觀，具代表性的第一座**哥德式建築**由聖丹尼斯教堂（Abbey Church of St. Denis）改建而成**，此藝術形式從法國開始流行至義大利、德國、西班牙等地（國際哥德形式）。15 世紀，法國不再盛行的哥德式宮廷風，反而在義大利獲得發展，更加重視繪畫的裝飾性。

重視裝飾性的哥德式藝術

哥德式教堂

好美喔！

彩繪玻璃

窗戶鑲有彩繪玻璃，室內灑滿了能讓人恍如置身天堂的光線。

好壯觀喔！

哥德式建築以高聳尖塔及大量的大面積玻璃窗著稱。

《東方三博士的禮拜》

細節好豐富唷！

畫家詹蒂萊・達・法布利亞諾（Gentile da Fabriano）的作品。服飾以華麗的裝飾表現，遠方的人物也細緻地繪製出來。

重點小筆記

「哥德式」為日耳曼民族中「哥德人」的意思，源於文藝復興時期的義大利人所給予「中世紀建築是『野蠻民族』式的」貶稱，直到19世紀以後，它才被作為代表該時代的藝術流派用語。

06
美術

美術 05 文藝復興（美術）

14～16 世紀的義大利，興起以古希臘、羅馬文化為模範的文化復興運動之指稱。

文藝復興（Renaissance）始於義大利，高揭復興古希臘、羅馬文化的旗幟。以希臘羅馬的古典風格為範本，描繪人類的美善、表現在中世紀被視為禁忌的裸體及禁慾主題，文藝復興在當時洋溢自由風氣的義大利社會以及極力倡導文化、富有影響力之梅迪奇家族（贊助人）等的背景下蓬勃發展，並開始影響其他國家的藝術家。

復興人性的文藝復興運動

鄂圖曼帝國

從 14 世紀上半葉，鄂圖曼帝國開始入侵巴爾幹半島的東羅馬帝國，從這次入侵中倖免的眾多文化人移居到了義大利北部，他們介紹的希臘古典文化也影響了文藝復興的發展。

準備進攻東羅馬帝國！

快逃呀！

鄂圖曼帝國

我熱愛自由和藝術，讓我贊助你吧！

我逃到義大利來了。

贊助人

讓我們復興人性吧！

重點是強調人性的崇高。

佛羅倫薩

藝術家們

義大利

以古希臘羅馬文化為範本。

文藝復興是以自由且富裕的商業都市——佛羅倫薩為中心開展的。

文藝復興三傑

美術 06

達文西、米開朗基羅及拉斐爾三人活躍的時期，共同促成文藝復興的發展到達顛峰。

文藝復興運動發生於 14～16 世紀，而**李奧納多・達文西（Leonardo da Vinci）、米開朗基羅（Michelangelo Buonarroti）、拉斐爾（Raffaello）此三大巨匠活躍的 16 世紀初期的 30 年間，又稱為文藝復興盛期**。也就是說，是他們讓文藝復興時期的藝術發展臻至巔峰的。年紀最小的拉斐爾受到了另外兩位的影響，代表作《雅典學院》中的登場人物也以達文西及米開朗基羅為原型。

臻至巔峰的三位天才

柏拉圖
（達文西）

亞里斯多德
（米開朗基羅）

赫拉克利特
（米開朗基羅）

將我尊敬的兩位前輩作為繪製的原型吧！

也把我自己畫進去吧！

《雅典學院》

拉斐爾的代表作品《雅典學院》，內容以柏拉圖、亞里斯多德、蘇格拉底等的希臘哲學家、科學家為主角，據說，柏拉圖是以達文西，而亞里斯多德及赫拉克利特則是以米開朗基羅為原型繪製的。

06
美術

美術 07 矯飾主義

西元 1520 年左右為後期文藝復興時代，誕生了風格奇異的矯飾主義（Mannerism）流派。

接續著盛期文藝復興而來的文藝復興晚期，出現了一種名為矯飾主義的藝術風格。矯飾主義主要以奇特的技巧精心製作繪畫，19世紀的藝評家給予了「誇張地模仿巨匠大師們的手法（**Maniera**）*以致於陳義過高」的批判，但現代則**重新將其評價為「為了表現無形的理想狀態，而學習表達大師風格的藝術流派。」**

風格奇異的矯飾主義

重點小筆記

法國矯飾主義作品《加布里埃爾和她的姐妹》究竟想要表達的是什麼，至今仍是個謎。

矯飾主義的代表作

《加布里埃爾和她的姐妹》

這幅畫想表現的是奧妙的大千世界中有肉眼不可見的無形理想。

這幅畫比起再現眼前自然的其他畫作，更具理性。

肯定派

似乎是故意的。

這幅畫根本沒有描繪自然。

否定派　不自然！

當時由於馬丁‧路德的宗教改革、神聖羅馬帝國在義大利殺戮劫掠之「羅馬之劫」，以及因大航海時代的新航路開拓而導致地中海貿易衰退等等主因，社會整體陷入混亂，在這些因素的影響下，創造出觀者看了之後感到不安的矯飾主義風格。

＊譯註：矯飾主義一詞源出於義大利語「Maniera」，原意為「手法」，引申為一種「有意為之」的作風。

美術 08

巴洛克藝術

被新教推翻的天主教徒為了挽回頹勢，始運用了巴洛克藝術（Baroque）。

以宗教改革中陷入劣勢的天主教會此時代背景因素，於 16 世紀末期～18 世紀前半創造出了巴洛克藝術。**基督新教抨擊了天主教體系中用於偶像崇拜的繪畫，但旨在復權的天主教卻又更積極地利用了藝術能達成的功用。**為了傳達信仰的教誨、打動信徒感情，因而採用了戲劇性的演出和過度的裝飾，這即為巴洛克藝術的特徵。

戲劇性呈現的巴洛克藝術

《聖德瑞莎的幻覺》

好有戲劇張力！

貝尼尼（Bernini）的雕塑作品《聖德瑞莎的幻覺》是巴洛克藝術的代表作品之一，主要表現了沐浴在神聖光線下，天使將上帝神聖的愛之箭刺入聖德瑞莎修女心臟的瞬間。

明暗對照的反差很驚人。

表現出很強的動態性！

《聖馬太蒙召喚》

作為巴洛克藝術先驅者的義大利藝術家卡拉瓦喬（Caravaggio），其代表作《聖馬太蒙召喚》是歷來首次成功地將光影的戲劇性呈現出來的作品，影響了後期許多畫家，也讓新興的巴洛克藝術風格廣泛地於歐洲流行。

美術 **09**

洛可可藝術

路易十五所治理的法國，誕生了華麗絢爛、優雅又精緻的洛可可藝術（Rococo）。

18世紀的路易十五及路易十六統治初期，這段期間以發源於法國並盛行於其他國家的洛可可藝術為主流。路易十四時代的藝術呼應著法國悠久的歷史及基督教主題，作為此之反動，洛可可呈現出輕巧飛揚且高尚精緻的貴族愛好。雖然在巴洛克風格中，建築的內部和外觀都經過別出心裁的設計，但**洛可可的精髓更在於講究由畫家和雕刻家設計裝飾。**

精緻優雅的洛可可藝術

《橢圓形房間》

洛可可的精髓體現在室內裝飾。

洛可可藝術的特色與巴洛克風格不同，以精美構思過的室內裝飾為主，經典的代表性作品是蘇比斯府邸的《橢圓形房間》。

《龐巴度夫人肖像》

藝術家布雪所繪製的《龐巴度夫人》是洛可可藝術的代表作，這位夫人是路易十五的愛妾。

他畫了很多夫人的畫像唷！

重點小筆記

洛可可藝術的誕生是對巴洛克藝術的反動，但它的影響力不如巴洛克藝術，屬於巴洛克風格之一，也通常被稱為「晚期巴洛克式」藝術。

美術
10 新古典主義

源於對巴洛克和洛可可藝術風格的批判，歐洲的藝術界重新看待古典希臘、羅馬價值。

新古典主義（Neoclassicism）誕生於19世紀革命前夕的法國，在此之前，**誇張的巴洛克式及輕浮的洛可可備受批評，藝術需要規範、理性和道德的聲浪漸漸四起**，而能作為範本的即是古希臘、羅馬時期的藝術。當時，考古挖掘發現了赫庫蘭尼姆古城與龐貝城（Herculaneum、Pompei）遺跡，提升歐洲社會對於古希臘羅馬時代的欽佩及憧憬，這促成了新古典主義的誕生。

回溯古代文化價值的新古典主義

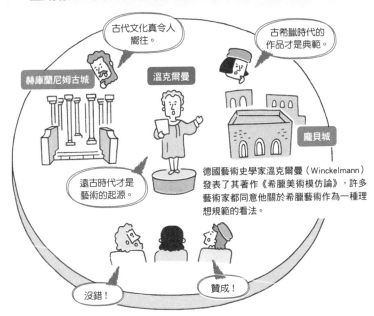

古代文化真令人嚮往。

古希臘時代的作品才是典範。

赫庫蘭尼姆古城

溫克爾曼

龐貝城

遠古時代才是藝術的起源。

德國藝術史學家溫克爾曼（Winckelmann）發表了其著作《希臘美術模仿論》，許多藝術家都同意他關於希臘藝術作為一種理想規範的看法。

沒錯！

贊成！

1738年發現了古羅馬城市──赫庫蘭尼姆古城的廢墟，而1748年發現了同為古羅馬城市的龐貝城遺跡（龐貝城遺跡曾於1599年被挖掘發現），基於此，更加深化了回歸古典價值的企望。

06
美術

125

美術
11

大衛

代表新古典主義的法國畫家——大衛（Jacques-Louis David），
是拿破崙的首席宮廷畫師。

大衛是新古典主義的代表性藝術家，他出生於巴黎，是商人之子，以身為洛可可藝術家聞名的<u>布雪</u>（Francois Boucher）則是他的親戚。積累了深厚的繪畫技藝之後，大衛在羅馬透過接觸古典和拉斐爾作品，建立了有自我風格的歷史畫。他在法國大革命期間參加了政治活動，並在大革命後成為拿破崙的宮廷畫家，拿破崙垮台後，他流亡至比利時，終生無法返回故國。

為拿破崙服務的革命派畫家

我要復興歷史畫！

大衛

大衛的作品融合了洛可可藝術中所沒有的大膽與陽剛的元素。

我要參加法國大革命！

大衛本人也屬於革命推進派——雅各賓派的擁護者，後來，他被任命為國民議會議員。

拿破崙

遵命。

透過繪畫傳播我的偉大之處吧！

拿破崙垮台了啊。

NEWS

我們逃到比利時好了……

比利時

大衛十分熱情地支持拿破崙，並繪製了《拿破崙翻越阿爾卑斯山的聖伯納德》，1804 年被任命為拿破崙的首席宮廷畫家。

拿破崙沒落後，大衛流亡到了比利時，在他死後，遺體也禁止運回法國安葬。

美術 12 浪漫主義

新古典主義認為只有希臘美術才是唯一擁有理想美標準的藝術源頭，與之抗衡的是多樣化的浪漫主義藝術（Romanticism）。

新古典主義認為只有古希臘和羅馬藝術才是美的標準，但浪漫主義卻反其道而行。浪漫主義藝術家們聲稱「存在著各式各樣的美」，除了《聖經》，他們選擇從當代事件、小說選集和東方異國情調主題等題材入手，描繪激情和感性以激發觀者的情感。**浪漫主義與市民革命中強調尊重個人自由的時代相吻合。**

認為存在著各種美的形式的浪漫主義

美術 13 德拉克洛瓦

德拉克洛瓦（Delacroix）將實際所見之市民革命產生的情怒、興奮及高漲情緒，用繪畫的形式表現並流傳後世。

浪漫主義是市民革命興起之時代的一種表現，1830 年的法國七月革命也隨即成為創作題材。德拉克洛瓦是代表浪漫主義的重要畫家之一，其所繪製的《自由領導法人民》就是將革命欲追求的自由理想擬人化為女性形象。這幅作品也體現了被譽為「色彩魔術師」的大膽用色，以表現激情重於正規的筆觸，精彩地描繪了市民們在革命中取得勝利的欣喜若狂。

目睹市民革命的德拉克洛瓦

就麻煩你擔任模特兒了。

沒問題。

傑利柯

德拉克洛瓦

德拉克洛瓦是傑利柯的後輩，因而扮演屍體以協助繪製《梅杜薩之筏》。

新古典主義！

安格爾

浪漫主義！

與新古典主義的畫家——安格爾終生都是死對頭，他們之間的對立在諷刺畫中也曾被描繪。

試試將「自由」擬人化表現。

《自由領導法人民》

我也將自己畫進這幅作品中了。

以 1830 年的七月革命為題材，表現當時法國人民們群起反抗復辟的波旁王朝景況，據說，其中頭戴著黑色禮帽的男士便是他本人的自畫像。

現實主義

美術 14

在法國共和政府成立的時代之中，誕生了以勞動階級作為主角的藝術。

1848 年的法國二月革命後成立了共和政府，由於這樣的社會背景，**藝術家們開始重視現實生活中的日常主題，繪製工人階級和農民們的勞動風景，這樣的藝術形式就稱為現實主義（Realism）**。現實主義之所以備受爭議，是因為當時的藝術沙龍視歷史畫為首要價值，是擁護共和體制的人們讓現實主義受到了肯定。

描繪眼前現實的現實主義

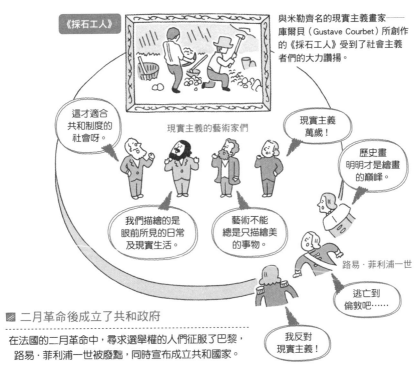

《採石工人》

與米勒齊名的現實主義畫家——庫爾貝（Gustave Courbet）所創作的《採石工人》受到了社會主義者們的大力讚揚。

這才適合共和制度的社會呀。

現實主義的藝術家們

現實主義萬歲！

歷史畫明明才是繪畫的顛峰。

我們描繪的是眼前所見的日常及現實生活。

藝術不能總是只描繪美的事物。

路易‧菲利浦一世

逃亡到倫敦吧……

我反對現實主義！

☑ 二月革命後成立了共和政府

在法國的二月革命中，尋求選舉權的人們征服了巴黎，路易‧菲利浦一世被廢黜，同時宣布成立共和國家。

06
美術

美術 15 自然主義

與現實主義有相似主體思想的自然主義也就此誕生，主張依照現實中的自然美原樣來描繪。

自然主義的藝術家們帶來了與現實主義相近的思潮，**現實主義並不美化現實，而是就現實原有的樣子描繪，自然主義則傾向於更認真地看待自然和人們的生活，並將其描繪成藝術品**。米勒（Millet）、柯洛（Corot）、泰奧多爾·盧梭（Théodore Rousseau）等人聚集於巴黎東南方的巴比松村及其周圍，創作自然主義風格作品，他們被稱為「巴比松畫派」（Barbizon）。

將自然景觀作為藝術創作題材的自然主義

位於巴黎的東南方，因畫家聚集而聞名，至今仍被稱為「畫家村」，徽章上有畫筆及調色盤的圖案。

巴比松七星

據說，聚集在巴比松的畫家人數最終超過了100人，米勒等7人是其中的核心人物，被稱為「巴比松七星」。

巴黎

★ 巴比松

米勒　柯洛　泰奧多爾·盧梭

迪亞茲　　　　多比尼

特魯瓦永　　　迪普雷

我跟巴比松畫派很常往來唷！

庫爾貝

現實主義畫家庫爾貝並不屬於巴比松畫派，但與他們時常交流來往。

米勒

描繪生活在大自然中的農人們的米勒，自身也從事農作。

以描繪農民們勞動的崇高姿態的《拾穗》及描繪農民堅毅姿態的《播種者》這兩幅畫著稱的米勒，**出生於法國山村的農家，自己也從事農業工作**。他遠離朝著近代化生活推進的巴黎，與夥伴們群居於巴黎東南方的楓丹白露森林中的巴比松村從事創作。透過適當的構圖，他繪製出會讓人聯想到《聖經》和神話的人物，賦予作品崇高的宗教色彩。

米勒以描繪生活在村莊中的農民們為主

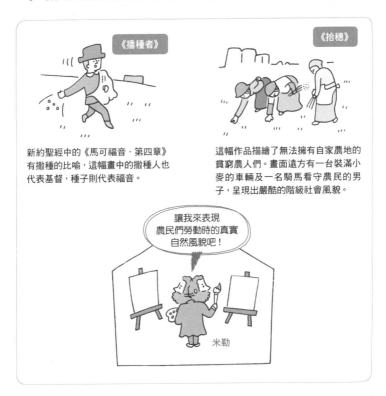

《播種者》

新約聖經中的《馬可福音・第四章》有撒種的比喻，這幅畫中的撒種人也代表基督，種子則代表福音。

《拾穗》

這幅作品描繪了無法擁有自家農地的貧窮農民們。畫面遠方有一台裝滿小麥的車輛及一名騎馬看守農民的男子，呈現出嚴酷的階級社會風貌。

讓我來表現農民們勞動時的真實自然風貌吧！

米勒

06

美術

印象主義

印象派的畫家們以處於發展中的巴黎城市生活為題材，挑戰了前所未有的創新表現。

在現實主義的潮流中，採用新技法的印象派於 1860 年代登場。現實主義和自然主義畫家們面向的是勞動階級們的悲哀，而印象派畫家則轉向城市的光明面。**當時，巴黎開始都市改造，也催生了一種人們可以在咖啡館、酒館、賽馬場和郊區旅遊勝地享受的生活方式**，印象派畫家們自然地也將目光投注於都市生活上。

以明快新穎的都市生活為主題的印象派

《船上的午宴》

哇哈哈哈　熱鬧喧騰

謝謝

《持花束謝幕的舞者》

印象派畫家常以快速發展的城市生活為題材，如咖啡館、歌劇院、戶外休閒活動等。

雷諾瓦（Pierre-Auguste Renoir）

竇加（Edgar Degas）

熱愛大自然的自然主義派畫家米勒一向都只待在室內作畫，而印象派畫家則是出走戶外，觀察隨著光線而變化的自然進行寫生。

藝評家

就只有「印象」而已。

重點小筆記

看到莫內的畫作《印象日出》的藝評家路易·勒法（Louis Leroy）諷刺地說：「這幅畫描繪的只是無意義的印象，連未完成的壁紙都稱不上。」

莫內

美術 18

「印象派」的名稱誕生的契機是由於克洛德‧莫內 (Claude Monet)，也確立了新形式的風景畫。

印象派的先驅者們被稱為「現代繪畫之父」，愛德華‧馬奈（Edouard Manet）在印象派中是領袖人物般的存在，但創造出印象派這個詞彙的則是莫內（參照 P.132）。他們創造了一種稱為「分割筆觸」（色彩分割）的技法，透過將不同顏色彼此相鄰排列而不混和的方式，來保持畫面的明亮度，並**創造出一種顏色隨著光線而產生變化的風景描繪形式，從而確立了新的風景畫類型**。

莫內開始創作新型態風景畫

真令人絕望。

印象派根本稱不上是藝術。

莫內

和印象派夥伴們一起舉辦的展覽被嚴厲批評為「只剩印象」。

從遠處看，顏色看起來的確混合在一起！

分割筆觸（色彩分割）

在顏料中混合的顏色越多就越深，且接近黑色。為了避免這種狀況，要特別花心思處理明亮度。

日本好棒呀！

《睡蓮和日本橋》

眾所周知，馬奈很早就開始採用日本主義＊（Japonisme），而莫內也表現出對日本的愛好。

＊譯註：日本主義是指19世紀中葉在歐洲（主要為英國和法國等文化領導國家）掀起的和風熱潮，特別是對日本美術的審美崇拜，盛行了約30年之久。

06 美術

133

美術 19 象徵主義

身處繁榮又快速發展的時代，藝術家們為了反抗，開始於作品中象徵性地描繪死亡、焦慮及命運。

從19世紀下半葉開始，社會整體過著更加富裕的生活，法國進入了一個被稱為「美好時代」（Belle Époque）的輝煌時代。然而，藝術家們也對那些爭名奪利的人感到厭惡，促使了具有頹廢（Decadence）特徵（唯美和不道德的傾向）的象徵主義誕生。**象徵主義藝術家們大多對於靈魂和精神層面感興趣，並以能表現出死亡、焦慮、痛苦、渴望和命運的主題為創作主軸。**

具有頹廢傾向的象徵主義

艾菲爾鐵塔

生活富庶豐足的「美好時代」，社會發展更加現代且繁榮，艾菲爾鐵塔建成，加上世博會也在巴黎舉行，但是，藝術家們對這樣的時代十分反感。

美好年代。

超棒！

頹廢運動

哪裡棒啊？！

羅賽蒂

魯東

孟克

《吶喊》

象徵主義也蔓延到其他國家，挪威有以《吶喊》這幅畫知名的藝術家孟克（Munch）。

《莉莉絲夫人》

英國拉斐爾前派的思想引領著象徵主義的發展。拉斐爾前派的羅賽蒂在這幅作品中描繪了「致命女人」（Femme Fatale）的主題。

《哭泣的蜘蛛》

法國象徵主義藝術家包括了描繪邪惡女性形象的莫羅（Gustave Moreau）、創作神祕壁畫的夏凡納（Chavannes）和描繪出夢幻世界的魯東（Odilon Redon）。

具有沉迷於末日論的終世思想和背德情緒的傾向，這是為了反對包括了進步、現代化、合理化等要素的美好年代。

前衛

進入 20 世紀後，藝術領域產生重大變革，誕生了諸多不受傳統束縛的實驗性作品。

前衛（Avant-garde）這個概念登場於20世紀初始，直到此時，西方繪畫都是充分利用技巧將三維空間的物體轉變成平面繪畫，但**隨著攝影技術的普及，描繪現實不再是繪畫的主要目的。**此外，前衛藝術作品也從擺脫傳統、創造新的價值的現代主義理念中——誕生，至此，現代藝術開始進行大變革。

徹底改變藝術的前衛運動

《黃色基督》

後印象派具代表性的藝術家是高更及梵谷，他們已經不再只是單純表現眼睛所見的真實。綜合主義（Synthetisme）可視為後印象派的主軸思想。

只是捕捉自然是很過時的！

高更（Gauguin）

好，來，笑一個！

沒有繪畫可以忠實地描繪現實！

我要畫出不同於以往作品的新藝術。

攝影開始普及

1822 年，法國的尼埃普斯兄弟拍攝了第一張照片。1839 年，世界第一台相機開始販售。進入 20 世紀後，攝影開始普及。

前衛藝術的誕生

06
美術

重點小筆記

「前衛」一詞原為法文的軍事用語，為「先鋒」之義。此時開始引用為打破傳統、走在時代前端的藝術。

立體主義

立體主義（Cubism）否定了西洋美術一直以來視為理所當然的遠近法等藝術規則。

立體主義是 20 世紀初的藝術創新運動，他們將從不同角度觀看到的形象組合在同一幅繪畫之中，屏棄了真實地再現現實的作法。由巴布羅·畢卡索（Picasso）與喬治·布拉克（Georges Braque）創立的立體主義，**在不使用過往普遍運用的遠近法則的情況下，對世界產生了巨大的影響**。除了畢卡索及布拉克之外，胡安·格里斯（Juan Gris）等人也以創作立體主義作品著稱。

顛覆常識的立體主義

過往運用遠近法的表現手法

以往的技法是只從單一視角來描繪對象物。

立體主義的表現手法

立體主義從前後左右等各種角度來觀看欲繪製的對象物。

從不同角度看到的對象物被分割成單一平面，再重建後將其繪製出來。

布拉克

格里斯

畢卡索

雖然最初是由畢卡索和布拉克一同研究立體主義，但畢卡索後來漸漸遠離，唯獨布拉克仍持續探索。作為代表立體主義的第三人，格里斯終其一生都在追求此一創作形式。

美術 22

畢卡索

畢卡索的作品風格瞬息萬變，一生都投身於藝術中，展現了豐沛的創作力。

20 世紀最具代表性的藝術家非畢卡索莫屬，他從青少年時期就開始發揮才能，移居到巴黎後，常常與非傳統創作形式的藝術家們交流，在這裡遇見了喬治‧布拉克，展開了他的立體主義時期。畢卡索是一位風格千變萬化的藝術家，**他大刀闊斧地拋下立體主義，轉而汲取新古典主義、超現實主義及各種創新風格，一生創作了為數龐大的作品。**

畢卡索是 20 世紀最具代表性的藝術家

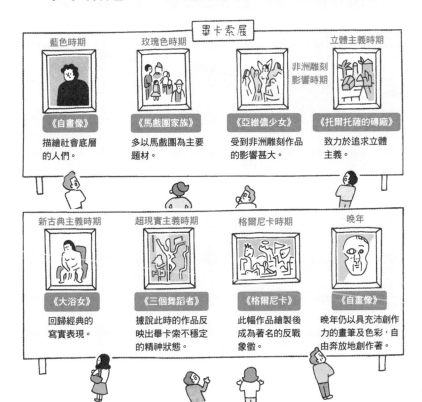

畢卡索展

藍色時期
《自畫像》
描繪社會底層的人們。

玫瑰色時期
《馬戲團家族》
多以馬戲團為主要題材。

《亞維儂少女》
受到非洲雕刻作品的影響甚大。

非洲雕刻影響時期

立體主義時期
《托爾托薩的磚廠》
致力於追求立體主義。

新古典主義時期
《大浴女》
回歸經典的寫實表現。

超現實主義時期
《三個舞蹈者》
據說此時的作品反映出畢卡索不穩定的精神狀態。

格爾尼卡時期
《格爾尼卡》
此幅作品繪製後成為著名的反戰象徵。

晚年
《自畫像》
晚年仍以具充沛創作力的畫筆及色彩，自由奔放地創作著。

06
美術

達達主義

將截至目前為止的傳統藝術均徹底否定的達達主義（Dadaism），也被稱為反藝術運動。

前衛藝術運動之一的達達主義始於第一次世界大戰期間的瑞士。藝術家們反抗戰火紛飛的氛圍、也反抗藝術傳統。**達達主義也被描述為是「反藝術」的，因為它徹底摧毀了藝術的傳統價值**。起源於瑞士的達達主義思想隨後遍及世界各地，達達主義藝術家也在日本活躍，影響了詩人中原中也及作家坂口安吾。

否定傳統藝術的達達主義

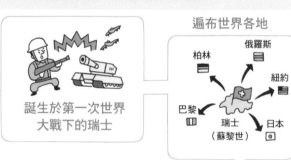

瑞士因為是中立國，未被捲入戰爭之中，但社會和經濟還是受到了不小影響，達達主義的誕生也有反抗戰爭的深刻意義存在。

誕生於第一次世界大戰下的瑞士

遍布世界各地

柏林　俄羅斯　紐約　巴黎　瑞士（蘇黎世）　日本

是我創立的。

安德烈·布勒東（Andr Breton）

我們也贊成你的想法！

特里斯坦·查拉（Tristan Tzara）

漢斯·利希特（Hanns Richter）

法國詩人，達達主義的創始者，據說「達達」這個名字是查拉所取的。

超現實主義運動的創始人安德烈·布勒東在超現實主義興起之前也參加達達主義運動。

重點小筆記

「達達」只是翻開字典時任意選出的一個名詞，並沒有什麼特別的涵義。

杜象

以作品《噴泉》給予世間重大衝擊的杜象（Marcel Duchamp），
對後來的當代藝術發展起著關鍵性的角色作用。

馬賽爾·杜象出生於法國，他的創作震驚了20世紀的藝術界，且奠定了日後
當代藝術發展的基礎。杜象最初是位畫家，但在1910年代初期就停止繪畫創
作，接著移居到了紐約，開始與達達主義藝術家合作，創作了一系列實驗性的
藝術作品，其中，**將小便斗上下顛倒掛放並簽名的作品《噴泉》在當時被拒絕
展出，而引起相當大的話題。**

將小便斗當成藝術品的杜象

俗稱《大玻璃》的
作品，是在玻璃上
繪製出機械圖樣。

《新娘甚至被光棍
們扒光了衣服》

《下樓梯的
裸女二號》

1912年的作品《下樓梯
的裸女二號》為立體主
義作品，引起了莫大的
話題。

《噴泉》

杜象原先是以畫家
身分創作，之後，
他的藝術作品源
不絕地誕生。

《腳踏車輪》

將小便斗倒置並簽名的作
品，受到了「根本沒有創
作任何東西」的批判。

以被稱為「現成品」（ready
made）的物品來製作藝術作
品，《腳踏車輪》是將我們
認知中的車輪倒置並固定在
圓凳上的作品。

觀者會
自行決定這是
不是藝術。

杜象

06
美術

美術 25 超現實主義

在繼承達達主義理念的同時，也看到了夢和潛意識的可能性，
一場新的藝術運動由此展開。

達達主義詩人布勒東因與達達主義創始人查拉產生對立，因而脫離達達主義團
體，開始了超現實主義運動（Surrealism）。**布勒東的理論受到佛洛伊德精神
分析學說的影響，在夢、無意識和非理性的世界中發現了其潛力。**超現實主義
也蔓延到藝術、文學和音樂等領域，並成為影響世界各地藝術家的國際藝術
運動。

主張解放無意識的超現實主義

恩斯特（Max Ernst）

《新娘的衣裳》

經歷過達達主義而成為
超現實主義畫家的恩斯
特，經常在作品中運用
鳥類圖案。

基里訶（Giorgio
de Chirico）

《一條街的神祕與憂鬱》

畫中描繪的拱廊取自
於都靈市的風景，表
現永恆性是他作品的
中心思想。

馬格利特
（Magritte）

《大家族》

運用傳統寫實
技法，描繪了一
個現實中不可
能出現的場景。

我們要擺脫
理性的控制！

布勒東

開創超現實主義的詩人布
勒東，主要受到精神醫學
家佛洛伊德的影響。

達利

美術 26

> 薩爾瓦多・達利（Salvador Dali）被認為是 20 世紀的藝術奇才，運用超現實主義展現個人風格。

達利是超現實主義的代表性藝術家，出生於西班牙。雖然他曾就讀馬德里美術學院，但因為他是個問題製造者而遭到學校開除。之後，他在巴黎接觸到超現實主義，**個性鮮明、才華洋溢的達利創作了描繪內心潛意識的作品並獲得高度評價**，到世界各地舉辦展覽而成為藝術明星。

達利是 20 世紀偉大的藝術奇才

被學院開除
在西班牙馬德里美術學院就學期間，由於問題不斷而被學校退學。

你被退學了！

在巴黎認識了超現實主義
在他第一次個展後去了巴黎尋求發展，遇到了超現實主義。

太棒了！　才華卓越！

據說，柔軟、融化的手錶來自於乳酪，是受到愛因斯坦的《相對論》影響而誕生的作品。

《記憶的永恆》

在紐約享有盛譽
1930 年代前期，在紐約舉辦的展覽大受歡迎。

06 美術

27 普普藝術

以大眾社會及消費社會為背景，汲取通俗商品為創作靈感的普普藝術誕生了。

普普藝術主要結合了高尚又普及（流行的）這兩種不相容的元素來創作，代表藝術家是安迪・沃荷（Andy Warhol），他將瑪麗蓮夢露、可口可樂等象徵大眾消費社會的產品用於藝術創作之中，**其特點是擴展和複製日常中流行的物品。**雖然是一種反藝術，但與以往的藝術運動不同，更具備一種解放感。

屬於大眾社會的普普藝術

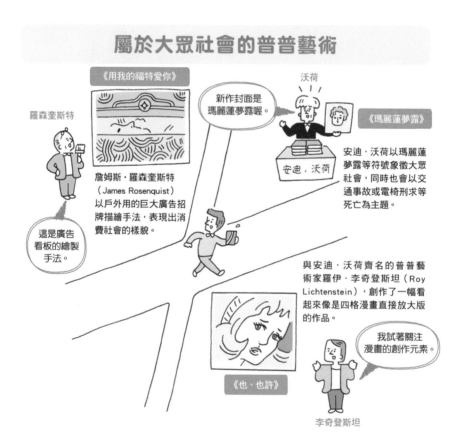

《用我的福特愛你》

新作封面是瑪麗蓮夢露喔。

沃荷

《瑪麗蓮夢露》

羅森奎斯特

詹姆斯・羅森奎斯特（James Rosenquist）以戶外用的巨大廣告招牌描繪手法，表現出消費社會的樣貌。

這是廣告看板的繪製手法。

安迪・沃荷

安迪・沃荷以瑪麗蓮夢露等符號象徵大眾社會，同時也會以交通事故或電椅刑求等死亡為主題。

與安迪・沃荷齊名的普普藝術家羅伊・李奇登斯坦（Roy Lichtenstein），創作了一幅看起來像是四格漫畫直接放大版的作品。

我試著關注漫畫的創作元素。

《也、也許》

李奇登斯坦

複製技術時代的藝術

美術 28

有人指出，作品因為可用機械方式複製，反而失去了其原有的光彩。

與其他領域一樣，藝術也受到了科技進步的影響，我們來到了**複製科技進步的時代，機械化地複製藝術品已非什麼難事**，因此便有人指出，當大量製作相同東西時，作品的靈光（Aura，人和事物擁有的獨特氛圍）就會消失。對於當代藝術家來說，創作出即使被複製也不失去作為藝術品價值的作品，會是一大挑戰。

藝術品複製的問題點

現代

書裡面會有。

我常常用手機瀏覽。

現代之前

美術館

電視上也常介紹。

由於複製技術，「靈光」因此消逝！

真令人感動。

終於親眼看到了。

班雅明

德國的思想家華特·班雅明（Walter Benjamin）在1930年代出版的著作《機械複製時代的藝術作品》中提到，複製藝術作品會導致原作中的「靈光」喪失。

06

美術

關鍵詞及關鍵人物
補充說明

美術

☑ 關鍵詞
希臘化文明 (p.116)

它是由亞歷山大帝國建立後產生的文化。
由希臘文化及東方文化融合而成的。

☑ 關鍵詞
icon (p.117)

描繪耶穌基督、聖徒、天使和《聖經》中
事件的繪畫。

☑ 關鍵詞
拜占庭美術 (p.118)

從 4 世紀到 15 世紀在拜占庭帝國發展起來
的一種藝術體系，也被稱為東羅馬帝國的
藝術。

☑ 關鍵詞
哥德式建築 (p.119)

始於 12 世紀中葉法國的一種建築風格。
代表建築是位於巴黎的巴黎聖母院。

☑ 關鍵詞
梅迪奇家族 (p.120)

文藝復興時期在義大利佛羅倫薩以銀行家
和政治家的身分活躍的家族，也作為贊助
人支持了許多藝術家。

☑ 關鍵詞
《雅典學院》 (p.121)

畫家拉斐爾最著名的畫作之一，描繪了許
多著名的古希臘哲學家。

☑ 關鍵詞
Maniera (p.122)

盛行於 16 世紀歐洲的藝術技巧和風格。

☑ 關鍵詞
巴洛克藝術 (p.123)

從 16 世紀到 18 世紀初傳遍歐洲的一種藝
術風格。特點是畫面充滿躍動感，明暗對
比鮮明。

☑ 關鍵詞
洛可可藝術 (p.124)

以甜美優雅的風格而聞名，此風格的經典
之作為布雪所畫的《龐巴度夫人》。

☑ 關鍵詞
赫庫蘭尼姆古城與龐貝城 (P125)

18 世紀發現的古羅馬遺址。新古典主義
的興起是由於不滿當時藝術作品風格的結
果。

☑ 關鍵詞
布雪 (p.126)

為代表洛可可藝術的法國畫家，他還影響
了雷諾瓦等人。

☑ 關鍵詞
浪漫主義 (p.127)

18 世紀至 19 世紀上半葉在歐洲發展起來
的藝術運動。

☑ 關鍵詞
《自由引導法人民》(p.128)

此作品是由德拉克洛瓦繪製，主題是關於1830年的法國七月革命。

☑ 關鍵詞
二月革命 (p.129)

發生在法國的革命，勞動階級和中小資本家開始涉足政治，並以改革社會為志向。

☑ 關鍵詞
巴比松畫派 (p.130)

用以稱呼生活在法國巴比松村及周圍的一群藝術家，創作以自然主義風景為特色。

☑ 關鍵詞
《拾穗》(p.131)

尚·弗朗索瓦·米勒的經典作品。不透過繪畫宣揚政治主張，創新之處在於他直面農民的生活。

☑ 關鍵詞
印象派 (p.132)

19世紀下半葉在法國巴黎發生的藝術運動。

☑ 關鍵詞
愛德華·馬奈 (p.133)

一位推動從古典到現代過渡的畫家，被譽為現代藝術之父。

☑ 關鍵詞
頹廢 (p.134)

發生在19世紀末的藝術派別。不道德和頹廢的印象令人著迷。

☑ 關鍵詞
現代主義 (p.135)

發生在1920年代的藝術運動，追求不受傳統框架束縛的表達方式。

☑ 關鍵詞
胡安·格里斯 (p.136)

活躍於法國巴黎的立體派畫家，他居住於畢卡索和布拉克的工作室附近。

☑ 關鍵詞
喬治·布拉克 (p.137)

立體主義的創始人之一，有時會與畢卡索共同創作。

☑ 關鍵詞
前衛藝術 (p.138)

否認現有藝術觀念和形式，尋求創新和風景畫表達的藝術。

☑ 關鍵詞
《噴泉》(p.139)

杜象在男士小便池上署名「R.MUTT」的作品，它對20世紀的藝術產生了巨大的影響。

☑ 關鍵詞
布勒東 (p.140)

法國詩人。原致力於發展達達主義，因與查拉發生對立而創立了超現實主義。

☑ 關鍵詞
美術學院 (p.141)

聖費爾南多皇家美術學院是位於西班牙馬德里的美術學校，畢卡索也是該校學生。

☑ 關鍵詞
安迪·沃荷 (p.142)

普普藝術的核心人物，他組成搖滾樂隊並製作電影，是一位全方位型藝術家。

☑ 關鍵詞
靈光 (p.143)

過往的藝術作品中所擁有的獨特氛圍的總稱，在複製藝術時代並不存在。

7 Chapter

World's liberal arts
mirudake notes

音樂
Music

跟隨音樂歷史的變遷腳步，培養知性

和藝術相同，在歐美，關於音樂歷史發展的教育比日本重視得多。所謂音樂的教養知識，不僅僅是指了解作品本身，說是需瞭解其產生的土壤和歷史背景也不誇張。

音樂 01 音樂的起源

音樂的起源可以追溯到史前時代。推測最初始的音樂來自於歌聲，接著樂器就登場了。

音樂的起源包括「語言起源說」和「情感起源說」，前者用語言（聲音）加上抑揚頓挫，後者表達情感。人們認為「旋律」是透過融合上述兩種起源理論而誕生的，可以推測是配合著聲音敲打樂器而產生的。**古代人為了保護自己不受野獸等的侵害而使用威嚇聲音，漸漸地從拍手的掌聲而改為敲擊鐘和木頭，最終就被挪用到了祈禱、慶典、祭祀等儀式上。**

音樂的起源

用聲音來嚇阻野獸的語言起源理論。

通過打擊物品來表達感情的感情起源理論。

釣到大魚囉！

最終，旋律誕生了，音樂被用在祈禱和節日等儀式中。

巴洛克（音樂）

介於文藝復興音樂和古典音樂之間，是 17 世紀中葉至 18 世紀中葉在歐洲盛行的音樂類型的總稱。

像雕塑和繪畫一樣，巴洛克音樂在速度、力度和音色上也常運用對比，並以戲劇性的情感表達為特徵。巴洛克一詞源於葡萄牙語「Barroco」，意思為「一顆變形的珍珠」，原為批評過度裝飾的建築術語，但最終成為代表該藝術風格的用語。巴洛克音樂從義大利歌劇傳播開來，並滲透到教堂音樂中，**此類型音樂的代表作曲家是巴赫，他創作了許多鍵盤音樂和室內樂作品。**

巴洛克（音樂）

裝飾有夠浮誇的！

巴洛克最初是批評流行於 17 世紀中葉和 18 世紀過度裝飾的建築術語，但後來用以表示巴洛克美術和音樂等藝術風格的用語。

用速度和力量表達你的情緒吧！

so mi ♪ ~#fa

D小調 ↓ D大調

誕生於義大利的歌劇傳播到歐洲各地並影響了各種音樂流派。

07 音樂

149

音樂 03 巴赫

巴赫（Johann Bach）出生於 17 世紀的德國，是一位為西方音樂奠定基礎的作曲家和演奏家。

巴赫是你我耳熟能詳的曲子諸如《**d 小調托卡塔與賦格**》和《G 弦上的詠嘆調》等旋律的作曲家，活躍於巴洛克音樂的後半時期，他學習了當時各種音樂風格，為現代音樂奠定了基礎，是音樂史上極具分量的藝術家。**他一生留下了1,000 多首作品，作為一位虔誠的教徒，則從未寫過世俗歌劇作品。**

近代音樂之父──巴赫

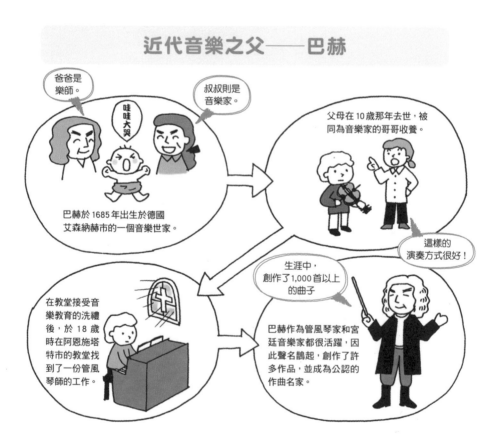

音樂 04 韋瓦第

他是義大利作曲家、小提琴家和天主教神父,與巴赫在同一時期活躍著。

因協奏曲《四季》而至今仍深受喜愛的韋瓦第(Antonio Vivaldi),跟隨理髮師父親學習小提琴,成為神父後,也同時擔任教堂音樂學院的教師,從事器樂和聲樂工作。**他與巴赫一樣擁有虔誠的信仰,但不同的是他仍會創作歌劇作品。**然而,由於贊助人的去世和戰爭爆發,歌劇演出被取消,韋瓦第在失意中離世,結束了63年的人生。

韋瓦第的一生

韋瓦第於1678年出生於義大利威尼斯,他的父親是一位小提琴家和理髮師,因而開啟了他的音樂生涯。

15歲時,為了獲取社會地位而成為神職人員,同時擔任音樂學院的教師。因為他的紅髮色,而被稱為「紅髮牧師」。

我是他父親。

爸爸會幫我上小提琴課。

歌劇真的很棒!

好沮喪……

此後,他在歌劇和協奏曲方面取得了成就,名揚各國。

然而,因戰爭導致歌劇表演取消,他在人生失意時結束了一生。

07 音樂

151

音樂 05 古典派音樂

從 1730 年代到 1820 年代，巴洛克音樂時期終結，接著到來的是一個才華橫溢作曲家不斷輩出的時代。

在貝多芬、莫札特等「維也納古典樂派」作曲家積極參與的古典音樂時代，盧梭的《社會契約論》和亞當·史密斯的《國富論》相繼發表，理性精神應運而生。奏鳴曲式（Sonata form）的音樂也以統一和理性的方式發展。交響樂、協奏曲、鋼琴奏鳴曲和弦樂四重奏等音樂製作盛況空前，**新音樂風格的影響也從歐洲各地擴展到美國和日本。**

維也納古典樂派開始風行

1762年出版的《社會契約論》主張社會契約的形式和人民主權，影響了法國大革命，成為民主的基礎。

《國富論》出版於 1776 年，內容闡明了資本主義社會體系，宣揚基於勞動價值理論的自由放任經濟主張。

人生而自由。

盧梭

真正的價值在於獲得它的辛苦和困難度。

亞當·史密斯

理性精神

是指貫徹理性和邏輯的思維精神，也意味著高效率地思考事物。

奏鳴曲式

用於交響樂和協奏曲的主要樂章，提示主題：
1. 呈示部，提示主題展開。
2. 發展部，再現所提示的主題。
3. 再現部，呈現基本結構形式。

海頓

代表古典派音樂的海頓（Haydn）創作了許多交響樂和弦樂四重奏。現今的德國國歌也是海頓的作品。

海頓出生於奧地利，加入少年合唱團後成為貴族們的<u>御用音樂家</u>，創作了許多作品。在此期間，他與莫札特相識、成為朋友，並與他一起演奏。最終，**他應英國之邀，大獲成功，創作了交響曲《驚愕》、《時鐘》、《倫敦》等名作。**晚年，他指導貝多芬如何作曲，而貝多芬將他的鋼琴奏鳴曲獻給了海頓。

海頓與眾多偉大的音樂家們都有往來

自1745年以來一直活躍在維也納的少年合唱團。

1763年，他加入薩爾茨堡大主教西吉斯蒙德的宮廷管弦樂隊，擔任首席演奏家。

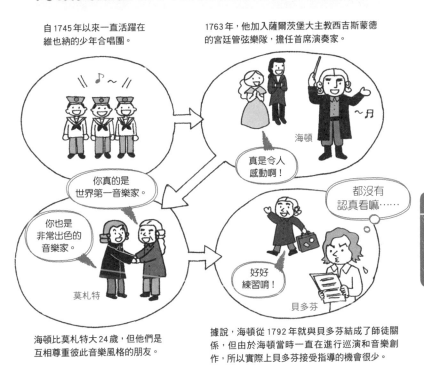

海頓

真是令人感動啊！

你真的是世界第一音樂家。

你也是非常出色的音樂家。

莫札特

都沒有認真看嘛……

好好練習唷！

貝多芬

海頓比莫札特大24歲，但他們是互相尊重彼此音樂風格的朋友。

據說，海頓從1792年就與貝多芬結成了師徒關係，但由於海頓當時一直在進行巡演和音樂創作，所以實際上貝多芬接受指導的機會很少。

貝多芬

音樂 07

貝多芬是與巴赫並列音樂史上重要而偉大的作曲家，他的作品一直都十分受到日本人的喜愛。

貝多芬出生於德國，活躍於維也納，在向眾多音樂家學習古典音樂技巧後完成了維也納古典派音樂風格。34歲發表的《英雄》、《命運》、《第九號交響曲》等樂曲至今仍人氣不墜，此外，鋼琴奏鳴曲《月光》和《熱情》受歡迎的程度也日久不衰。 **他深受聽力衰退和神經性腹痛困擾，最終因肝硬化去世，享年56歲。**

瘋狂的天才貝多芬

貝多芬自幼隨父親學習鋼琴，年僅7歲就舉辦了首場音樂會。 1792年，海頓十分認可他的才華，他隨即搬到了維也納，在那裡，很快就以即興鋼琴演奏大師的身分聲名鵲起。

我從13歲起就以音樂家的身分活躍著。

從28歲起就因飽受耳聾折磨而十分痛苦。

貝多芬身為音樂家卻瀕臨絕望的邊緣，但憑著對音樂的熱情，他克服困難，發表了《英雄》和《命運》等曲子。1804年至1814年這10年間，迎來了身為音樂家的黃金時代，創作了許多名曲，被稱為貝多芬的「傑作森林」。

音樂

08 莫札特

莫札特（Mozart）一生創作了 900 多首歌曲，其中最大特點是大部分都是帶有明亮輕快旋律的長調。

他與海頓、貝多芬被稱為「維也納古典樂派三巨匠」，但正如電影《阿瑪迪斯》中描繪的那樣，他天真爛漫卻也有粗魯的一面。以第 41 號交響曲為首，還寫了鋼琴曲、小提琴協奏曲、小步舞曲（舞蹈）、奏鳴曲、歌劇、進行曲、舞曲等多種體裁的歌曲，而且**他作曲所費時間通常很短**，卻年僅 35 歲匆匆離世。

天真爛漫的莫札特

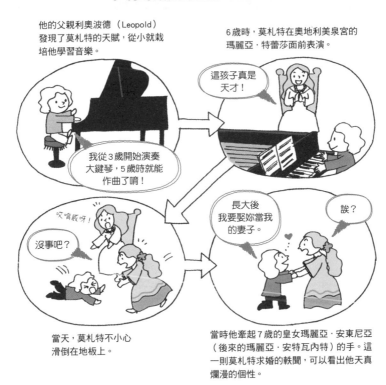

他的父親利奧波德（Leopold）發現了莫札特的天賦，從小就栽培他學習音樂。

6 歲時，莫札特在奧地利美泉宮的瑪麗亞‧特蕾莎面前表演。

這孩子真是天才！

我從 3 歲開始演奏大鍵琴，5 歲時就能作曲了唷！

哎唷威呀！

沒事吧？

長大後我要娶妳當我的妻子。

誒？

當天，莫札特不小心滑倒在地板上。

當時他牽起 7 歲的皇女瑪麗亞‧安東尼亞（後來的瑪麗亞‧安特瓦內特）的手。這一則莫札特求婚的軼聞，可以看出他天真爛漫的個性。

07 音樂

音樂 09 交響曲

交響曲是由管弦樂團演奏的大型音樂作品，被稱為交響樂。

在交響樂中演奏的音樂會有四個樂章，其中一個樂章被定義為奏鳴曲形式。奏鳴曲是指用樂器演奏的一種曲式，鋼琴奏鳴曲只以鋼琴彈奏，小提琴奏鳴曲則是包括鋼琴伴奏的小提琴演奏。**隨著時間的推移，小步舞曲（舞曲）和詼諧曲（節奏輕快強烈的三拍舞曲）也開始加入**，而現代以交響曲作為創作主體的作品已很少見。

「交響曲」與「協奏曲」的不同

交響曲

由管樂器、弦樂器和打擊樂器組成的管弦樂隊演奏的壯麗感樂曲，基本上由四個樂章組成。

協奏曲

由獨奏者和管弦樂隊合奏的一首樂曲。 例如，有鋼琴獨奏的音樂則稱為「鋼琴協奏曲」，基本上由三個樂章組成。

音樂 10 浪漫派音樂

它是一種將古典音樂與浪漫主義文學和哲學運動相結合的音樂風格，主要盛行於 19 世紀的歐洲。

作為對古典主義教條式的反動，以文學和哲學為中心的浪漫主義運動，表達了浪漫、個人焦慮和喜悅等強烈的情感，這波浪潮也蔓延到音樂領域中。它在 1850 年左右分為早期浪漫主義和晚期浪漫主義。歌劇成立於浪漫主義早期，民族音樂則出現在浪漫主義晚期。史麥塔納（Smetana）和葛利格（Grieg）是典型的民族音樂作曲家。

早期及晚期浪漫主義音樂的特點

早期浪漫主義

浪漫主義運動將只有富人才能享受的音樂傳播給了普通大眾。在古典派時代誕生的歌劇中也製作大規模的管弦樂曲，戲劇音樂和歌曲也得到了發展。

晚期浪漫主義

貝多伊齊・史麥塔納

愛德華・葛利格

在歐洲各國，與民族音樂和民族詩相結合的音樂形式登場。除了作為古典音樂聖地的奧地利維也納以外，還有各式各樣的作曲家誕生並活躍在世界舞臺上

我的音樂基於民族主義和現實主義。

作為國民樂派（Nationalist Music）作曲家，受到了很多關注。

葛利格是受挪威民間音樂影響的作曲家，史麥塔納則是受捷克民間音樂影響的作曲家唷！

07
音樂

157

蕭邦

音樂
11

被稱為「鋼琴詩人」的蕭邦（Frederic Chopin）創作了多首鋼琴曲，優美的旋律至今仍深受人們喜愛。

蕭邦是波蘭最著名的作曲家之一，創作了各種形式的鋼琴曲。從小就對鋼琴著迷的他，擅長用鋼琴來表達人的內心和情感，創造出繽紛多彩的旋律，直到今日也很耳熟能詳，如《幻想即興曲》、《夜曲》和《離別曲》。故鄉舞曲《馬祖卡舞曲》是輕快的三拍子曲，是蕭邦特別喜歡的歌曲集。

講究鋼琴的蕭邦

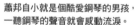

蕭邦自小就是個酷愛鋼琴的男孩，一聽鋼琴的聲音就會感動流淚。

不同於貝多芬和舒伯特創作了許多交響樂和管樂，蕭邦繼續堅持鋼琴曲，追求鋼琴的魅力到極致。

多麼美妙的聲音啊！

我要創作出很多鋼琴曲。

常駐巴黎的蕭邦一直很熱愛他的家鄉波蘭。但當時波蘭被俄羅斯等國所主宰，無法歸國。據說，他的代表作《離別曲》正是述說著思念祖國的一首曲子。

真想回波蘭看看啊……

舒曼

舒曼（Robert Schumann）是一位浪漫主義作曲家，創作上深受妻子克拉拉的影響。

舒曼出生於德國一個富裕的家庭，雖立志成為鋼琴家，但後來卻成為作曲家。他 20 多歲時的作品大多是鋼琴曲，為他贏得了良好的聲譽。在他 30 多歲左右，從以獨唱為中心的聲樂為基礎擴展到交響樂、協奏曲、室內樂等創作領域，這與他的妻子克拉拉有很大的關聯。舒曼還**具有深厚的文學造詣，創作了與音樂相融合的作品。**晚年，因患有精神疾病，結束了短短 46 年人生。

與妻子一起前行的音樂人生

從小就熟悉音樂的舒曼，20 歲時成為著名的小提琴老師弗里德里希‧維克的弟子，立志成為一名鋼琴家。

然而，他卻傷了手指，因此放棄了鋼琴家的夢想，朝著成為作曲家的道路前進。

舒曼愛上了著名鋼琴家維克（Friedrich Wieck）的女兒克拉拉‧維克並結婚，兩人共育有 8 個孩子。

克拉拉代替無法彈琴的舒曼演奏他所寫的曲調，以此幫助他的音樂創作。多虧有克拉拉，促使舒曼創作出《第 1 號鋼琴奏鳴曲》這首傑作。

音樂 13 德布西

♩ 活躍於 19 世紀末和 20 世紀初的德布西（Claude Debussy），
其創作影響了爵士樂和搖滾樂。

德布西以大調音階（Major Scale）、小調音階（Minor scale）以外的自由
和聲法及調式來創作，在西方傳統音樂觀念中被認為是異端。儘管他並不承
認，但他被歸類為「印象派音樂」。名曲《月光》是以詩人凡爾倫的詩集為靈
感而創作的作品，富田勳合成器版的演奏在世界上獲得了很高的評價。日本著
名的音樂家之一武滿徹，也公開表示過德布西影響他十分深遠。

德布西是世紀問題兒童

德布西出生於 1862 年，是巴黎郊區
貧困商人的長子，在姑姑教學的鋼
琴課上，喚醒了他的天賦。

他從 10 歲開始就讀了巴黎音樂學院，長
達 12 年期間，一方面磨練音樂才能，但私
下生活品行惡劣。是一位與女性關係糾紛不
斷的問題學生，讓教師們感到困擾。

你的行為會
破壞我們音樂
學院優良傳統！

不要
命令我！

羅馬大獎

等等～

吧噗～

覺得我的
音樂如何呀？

德布西雖素行不良，然而，22 歲的他
獲得羅馬大獎中的首獎，並取得獎學
金留學的機會，讓評委和其他音樂家
不得不承認他的才華。

43 歲時，德布西與一位同齡的戀人育有
一女。原本愛惹事生非的性格完全轉變
成了操心疼愛孩子的好爸爸，1908 年為
愛女創作了《兒童天地》。

音樂 14 現代音樂

當代音樂是指 20 世紀下半葉至今的西洋音樂，屬於不以演奏技巧或風格來定義的音樂型態。

西洋**古典音樂**歷經巴洛克、古典派、浪漫派的技法與演奏方式的推展而發生了變化，但現代音樂的定義並不局限於至今為止的劃分，根據時代發展而形成的概念和否定／改革後讓以往音樂樣式有了新的定義等，既複雜又不明確。**它大量使用不和諧音、電子音樂的具象音樂（Musique Concrète）、與影像和美術的融合等，說是前衛藝術的一種也不為過。**

形式表現多樣化的現代音樂

古典音樂是一種傳統的西方音樂，但自 1920 年以來，當代藝術藝術家們以自由思想創作了許多原創音樂。

現代音樂

這才是藝術！

我用人和動物的聲音製作音樂。

不協和音的多種表現方式。

使用音響和錄音技術的電子音樂。

與投影在巨大螢幕上的圖像一起呈現的舞台表演。

07
音樂

關鍵詞及關鍵人物
補充說明

音樂

☑ 關鍵詞
旋律 (P.148)

由音高和不同長度的聲音聯繫而成，也稱為曲調或節奏。

☑ 關鍵詞
歌劇 (P.149)

由戲劇和音樂組成的表演藝術。它始於16世紀末的義大利佛羅倫薩，旨在復興古希臘劇作。

☑ 關鍵詞
《d 小調托卡塔與賦格》 (P.150)

巴赫創作的管風琴曲。原本是小提琴的作品，但有人認為它是為管風琴演奏而編寫的。

☑ 關鍵詞
《四季》 (P.151)

韋瓦第的小提琴協奏曲集《和聲與創意的試驗》之第1號～第4號合稱。

☑ 關鍵詞
維也納古典樂派 (P.152)

用以統稱18世紀下半葉至19世紀上半葉主要活躍於維也納的古典主義作曲家們。

☑ 關鍵詞
御用音樂家 (P.153)

從中世紀就存在的匈牙利貴族「埃斯特哈齊家族」（Esterházy）也因身為藝術贊助人而眾所皆知。海頓是埃斯特哈齊樂團的指揮。

☑ 關鍵詞
貝多芬 (P.154)

在貝多芬之前，音樂家與贊助人之間的主從關係是很自然的。然而，貝多芬是一位在沒有贊助人的情況下自由創作音樂的音樂家。

☑ 關鍵詞
維也納古典樂派三巨匠 (P.155)

1770到1800年代，交響樂成為古典樂的核心型態。海頓、貝多芬和莫札特在維也納古典流派中備受關注。

☑ 關鍵詞
奏鳴曲 (P.156)

古典音樂和室內樂中的歌曲之一。大多由許多樂章構成的形式。

☑ 關鍵詞
克拉拉 (P.159)

活躍於 19 世紀的女鋼琴家。9 歲時就以天才少女的身分出道並聲名大噪，也因身為羅伯特‧舒曼的妻子而為人所知。

☑ 關鍵詞
早期浪漫主義 (P.157)

這是一個音樂與詩歌融合，並且是「德國藝術歌曲」（Lied）成為主流的時代，除了歌劇以外，鋼琴曲也很盛行。

☑ 關鍵詞
印象派音樂 (P.160)

一種強調情緒和感覺而不是敘事的音樂風格，始於德布西的創作。

☑ 關鍵詞
晚期浪漫主義 (P.157)

帶有繪畫元素的管弦樂曲以及被稱為無言歌的鋼琴獨奏曲廣泛流行。

☑ 關鍵詞
古典音樂 (P.161)

音樂誕生於中世紀的歐洲，也被稱為古典音樂，直到 18 世紀中葉才開始在一般民眾間流行開來。

☑ 關鍵詞
《馬祖卡舞曲》 (P.158)

馬祖卡舞是一種波蘭民間舞蹈，蕭邦根據此種舞蹈的特徵發表了 50 多首創作。

Chapter

8

World's liberal arts
mirudake notes

發明
Invention

了解前人的智慧與巧思

　　早期人類只使用石器之類的器具且持續了很長一段時間，而現今則有各式各樣的物品讓我們可以過著豐富多彩的生活。

　　就像從宗教衍生出哲學一樣，在歷經了漫長歲月的不斷進步發展過程中，究竟有著哪些發現與發明呢？

發明
01

貨幣

古代人用以物易物的方式進行交易，隨著貨幣的出現，也讓交易變得更加活躍。

在貨幣發明之前，人們以物易物。沒有實質的貨幣，但也有如同「這具有兩隻羊的價值」的**牲畜和大麥擔負著貨幣的作用**。金屬也被用來在交易中交換商品。最初的貨幣是在西元前 7 世紀在利底亞（現今的土耳其）製造的，可以看出表面刻有重量的標示，是為了交易而製作的。

製造的第一枚硬幣

重點小筆記

貨幣傳到了希臘，在那裡製造出了銀幣，硬幣製作就這樣傳播到了鄰國。

第一批硬幣是在西元前 7 世紀左右在利底亞王國（以現在土耳其的利底亞地區為中心繁榮起來的國家），這是一個可以採砂金的富裕國家。

發明
02 零的概念

於印度發明的阿拉伯數字，在世界各地都有使用，但最初沒有「0」這個數字。

「0～9」的數字被稱為「阿拉伯數字」，但它們起源於印度，是大約在 2200 年前發明的，起初並沒有「0」的存在。據說零的概念是在 5 ～ 7 世紀左右，**誕生於使用了很長時間的十進位法且哲學很先進的印度**。最初是用點的形式表示零，最終才使用數字「0」來表示。

「零」是在何時何地發明的？

零的概念雖是在印度發明的，但後來被稱為阿拉伯數字，因為它是經由阿拉伯商人傳播到歐洲的。

08
發明

167

火藥

西方人在成吉思汗的猛攻中，第一次見證了由中國所發明的火藥威力。

據説火藥是在9世紀左右由中國的道教道士發明的。11世紀，出現了使用火藥的各種武器，12世紀傳入蒙古，**被成吉思汗遠征入侵的歐洲人也得知了火藥的威力。**相傳火藥製造方法在13世紀上半葉傳入伊斯蘭國家，製造方法也再由此傳到歐洲。

火藥從中國傳至世界

蒙古人好威猛。

近代

原本試著做藥，結果爆炸了。

中國人

人們認為火藥是在製造尋求長生不老的各種藥物的同時產生的。

歐洲人

蒙古人

那個武器到底是啥？

1241年，蒙古帝國侵略各國並在列格尼卡戰役中大勝波德聯軍。

用火藥的力量征服世界！

重點小筆記

蒙古人的火藥兵器被稱為「鐵炮」，在合稱為蒙古襲來（元寇）＊的1274年入侵日本的文永之役以及1281年的光安之役中也使用過。

＊譯註：在歷史上，這兩次侵略在日本合稱「元寇」或「蒙古襲來」。

發明
04

指南針

由於得以導航的指南針傳入，歐洲各國揭開了大航海時代的序幕。

指南針與火藥、活字印刷並稱文藝復興「三大發明」。這三大發明對歐洲的發展影響甚鉅，但都起源於中國。指南針據信是在 11 世紀之前在中國製造，並經由波斯傳入歐洲，在此之前，歐洲船隻主要僅在地中海地區航行，但**隨著指南針的引入，遠洋航行技術得到發展，開啟了**大航海時代之幕。

支撐大航海時代的指南針

早期的指南針是將磁化針刺入軟木塞並將其漂浮在水中的簡單工具而已。

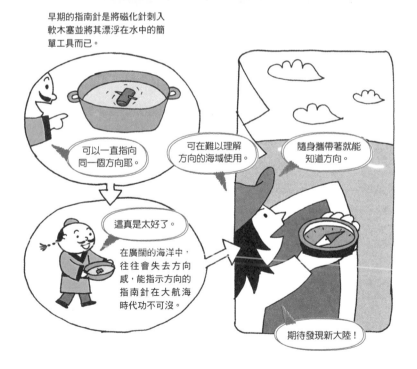

可以一直指向同一個方向耶。

可在難以理解方向的海域使用。

隨身攜帶著就能知道方向。

這真是太好了。

在廣闊的海洋中，往往會失去方向感，能指示方向的指南針在大航海時代功不可沒。

期待發現新大陸！

眼鏡

製作眼鏡很簡單，但它是什麼時候才演變成今日的形式呢？

對於視力不好的人來說，眼鏡是一個強而有力的好夥伴。回溯歷史，相傳西元1世紀的羅馬政治家辛尼卡（Lucius Seneca）已開始**用盛滿水的圓形玻璃碗將字母放大來閱讀。**而帶有兩個鏡片的眼鏡是在14世紀製造的，這個時代的眼鏡是拿在手上的，但在18世紀，掛戴在耳朵上的眼鏡誕生後，今日廣泛使用的眼鏡樣式便確立了下來。

眼鏡由玻璃器皿演變而來

透過玻璃可以清楚地看到字。

他用裝滿水的玻璃器皿放大和閱讀文字，也是羅馬皇帝尼祿的導師。

辛尼卡

便攜式眼鏡在14世紀時普及。

改良成可以戴著走的形式。

眼鏡於16世紀左右傳入日本，室町幕府的幕府將軍足利義晴開始戴上眼鏡。此外，16世紀來到日本的傳教士聖方濟‧沙勿略也曾贈送眼鏡給大內義隆。

我們都有戴眼鏡。

沙勿略

足利義晴

重點小筆記

一開始只有老花眼鏡可用於看書等需要眼鏡之時，近視眼鏡直到16世紀才出現。

發明 06

玻璃

近代生活不可缺少的玻璃源於古代文明時期，歷史相當悠久。

用於窗戶和餐具等物品的玻璃是我們日常生活中必不可少的製品，它有著悠久的歷史，最早於西元前2500年左右在美索不達米亞平原製作出玻璃。當時的玻璃看起來色彩豔麗，透明度低，但實際上是金屬氧化物造成的。**現在的透明玻璃誕生於17世紀**，歐洲各地大約在同一時間都製造出了透明玻璃。

誕生於古代美索不達米亞平原的玻璃

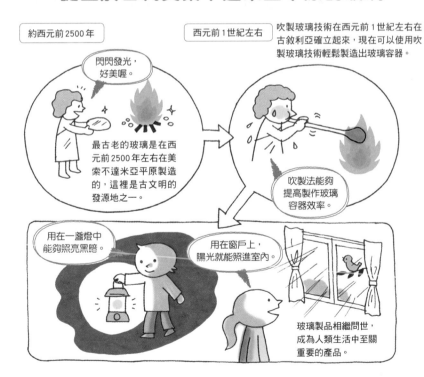

發明 07 打字機

在 19 世紀和 20 世紀的商業場景中扮演重要角色的打字機，是如何發展的呢？

打字機的誕生有多種說法，可以說是電腦鍵盤的雛形，但據說它最早是由英國發明家米爾（Henry Mill）於 1714 年製造的。米爾的製作機制不得而知，但美國發明家伯特（Burt）在 1829 年製造的機型能夠像手寫一樣快速打出字來。1874 年雷明頓公司（E. Remington & Sons）所製作的產品能比手寫更快，因而更為普遍。

因能高速完成工作而普及的打字機

據說，英國的米爾在 1714 年發明了早期型態的打字機。

實物和設計圖都沒有留下來。

亨利・米爾

取得專利。

美國人巴特在 1829 年獲得了打字機的專利，它主要是使用控制桿而不是鍵盤來選擇字母。

威廉・奧斯汀・巴特

以槍支聞名的美國雷明頓公司於 1874 年發售打字機。

雷明頓公司

比起之前的機種更快速了唷！

促成女性獲得更多工作機會。

因打字機而得以走入社會
誕生了稱為打字員的職業，推動女性走入社會。

一直到 1980 年代才製造出電動式打字機，時至今日也早已不再使用。但是，電腦鍵盤的配置仍然受到打字機的影響。

蒸汽機

蒸汽機供給了起源於英國的工業革命所需要的大量動力源，比起發明，改良是發展的關鍵。

18世紀的英國為了挖掘煤礦下的地下水而開始使用水泵，最初使用了1698年塞維利（Thomas Savary）發明的高壓蒸汽機，接著採用1712年湯瑪斯·紐科門（Thomas Newcomen）所發明的低壓蒸汽機。而以蒸汽機聞名的**瓦特（James Watt）被委託修理紐科門設計的蒸汽機而對蒸汽裝置產生興趣，並發布了改良後的機型**，此舉大大地推進了工業革命。

瓦特是蒸汽機的改良者

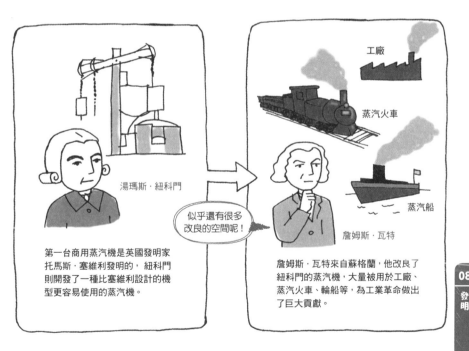

湯瑪斯·紐科門

第一台商用蒸汽機是英國發明家托馬斯·塞維利發明的，紐科門則開發了一種比塞維利設計的機型更容易使用的蒸汽機。

似乎還有很多改良的空間呢！

工廠

蒸汽火車

蒸汽船

詹姆斯·瓦特

詹姆斯·瓦特來自蘇格蘭，他改良了紐科門的蒸汽機，大量被用於工廠、蒸汽火車、輪船等，為工業革命做出了巨大貢獻。

08 發明

發明
09

疫苗

英國醫生愛德華・詹納（Edward Jenner）以傳說為靈感發明了用於預防接種的疫苗。

發明用於預防接種的疫苗的是英國醫生詹納。當時有很多人困擾於天花這種流行病，詹納認為「患有牛痘（牛皮膚病）的人就不會罹患天花」，於是在反復研究後，在1796年展開**接種牛痘患者膿液的實驗，證實可對天花免疫**。最初，這種預防措施似乎顯得過於奇特，但很快就因其有效性而得到認可。

看起來過於突發奇想的疫苗發明

在18世紀的歐洲，每年有數十萬人死於天花。

唉～

真希望能想出點辦法來。

英國醫生詹納對於患有牛痘就不會得天花的傳聞半信半疑，因為農村有著「擠奶的女工不會感染天花」的傳說。

哞～

他將一名患有牛痘的婦女身上的膿液接種在一名8歲男孩身上（在詹納家工作的貧困工人的兒子）。

牛痘接種實驗成功，研製出世界首支疫苗。

跟我預想的一樣。

重點小筆記

詹納還創造了「疫苗」（vaccine）這個詞，牛痘膿液被稱為疫苗是源自拉丁語「vacca」，是牛的意思。

電池

我們熟悉的電池是在某項實驗中獲得的靈感而創造出來的。

電壓單位「伏特」的由來是因為義大利教授伏打（Alessandro Volta），契機則來自於青蛙實驗，他在實驗中注意到解剖過的青蛙屍體會對電力起反應，然而青蛙本身並未帶電，但當蛙腿夾著兩種金屬時就會產生電，他從這裡獲得啟發，**反覆研究如何才會形成「良好的金屬組合」後，於1800年發明了伏打電池。**

因青蛙實驗而誕生的電池

青蛙有電。

賈法尼
（Galvanic）

義大利學者賈法尼發現，當兩把手術刀（一把用於切割，一把用於固定）放入青蛙的屍體進行解剖時，青蛙身體會抽動，此現象被命名為「動物電」，當時認為電儲存在青蛙身上。

電可能由金屬產生，而不是由青蛙產生？！

伏打

沒錯，我沒有電啦，呱呱呱。

義大利學者伏打認為青蛙體內並沒有電，他發現青蛙只是導體，當兩種金屬與青蛙接觸時會產生電，在改良的過程中促成了電池的發明。

08
發明

瓶裝與罐頭

為了幫助因營養不足而飽受疾病折磨的法國士兵們，製作了保存食品的瓶裝罐頭。

拿破崙（Napoleon）擔心士兵們在戰場上缺乏營養，為解決這個問題，他**廣泛招募民眾開發新型軍糧**。1804年，玻璃瓶裝食品應運而生。食品加工業者尼古拉・阿佩爾（Nicolas Appert）將熟食裝瓶，密封後再加熱，可以讓食材保存很久。1810年，英國人杜倫（Peter Durand）發明了一種用鐵罐代替玻璃容器的方法，並發明了罐頭。

發明的契機來自於拿破崙

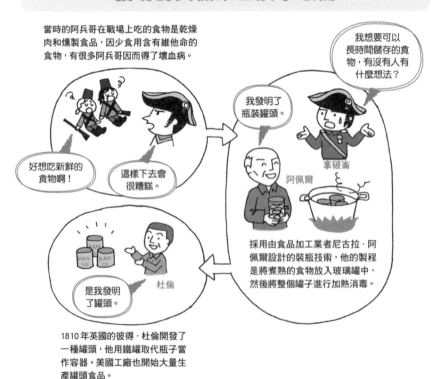

當時的阿兵哥在戰場上吃的食物是乾燥肉和燻製食品，因少食用含有維他命的食物，有很多阿兵哥因而得了壞血病。

我想要可以長時間儲存的食物，有沒有人有什麼想法？

好想吃新鮮的食物啊！

這樣下去會很糟糕。

我發明了瓶裝罐頭。

拿破崙

阿佩爾

採用由食品加工業者尼古拉・阿佩爾設計的裝瓶技術，他的製程是將煮熟的食物放入玻璃罐中，然後將整個罐子進行加熱消毒。

是我發明了罐頭。

杜倫

1810年英國的彼得・杜倫開發了一種罐頭，他用鐵罐取代瓶子當作容器。美國工廠也開始大量生產罐頭食品。

製冰機

發明 12

夏天也能使用的製冰機，是利用液體變成氣體時奪走周圍熱量的汽化熱而發明的。

以往，冰是珍貴物品。1834 年，人們終於不須再依賴天氣，而能人工製冰。美國的發明家珀金斯（Jacob Perkins）發明了使用乙醚的製冰機，他**利用的是乙醚從液體變成氣體時溫度下降的原理**，裝置中乙醚從氣體變成液體、從液體變成氣體的變化循環，溫度下降至冰點以下後便完成製冰流程。

即使是夏天也能製冰的製冰機

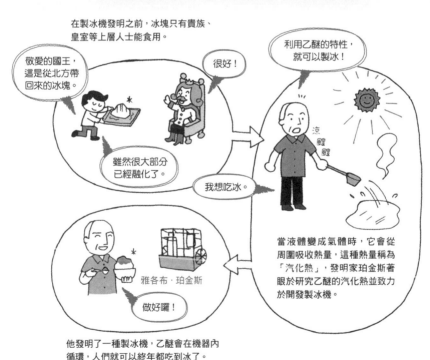

在製冰機發明之前，冰塊只有貴族、皇室等上層人士能食用。

敬愛的國王，這是從北方帶回來的冰塊。

很好！

雖然很大部分已經融化了。

我想吃冰。

利用乙醚的特性，就可以製冰！

涼颼颼

當液體變成氣體時，它會從周圍吸收熱量，這種熱量稱為「汽化熱」，發明家珀金斯著眼於研究乙醚的汽化熱並致力於開發製冰機。

雅各布・珀金斯

做好囉！

他發明了一種製冰機，乙醚會在機器內循環，人們就可以終年都吃到冰了。

發明 13 矽藻土炸藥

💡 創設諾貝爾獎的諾貝爾（Alfred Nobel），發明了用於戰場上的炸藥而致富。

瑞典的化學家諾貝爾在知道硝化甘油只需幾滴就會引發可怕的爆炸後，投身於以此種成分為主的炸藥開發。硝化甘油易受衝擊且難以處理，他發明了一種將其浸泡在矽藻土中並使用保險絲點燃的方法，於 1866 年發明了「矽藻土炸藥」（Dynamite）。**炸藥發明後在戰爭中大量使用，諾貝爾因而獲得巨額財富，他留下希望過世後能設立諾貝爾獎的遺囑。**

炸藥的發明也催生了諾貝爾獎

硝化甘油即使滴幾滴也有很強的爆發力，並且只要輕微撞擊就會爆炸，因此很難處理。

諾貝爾透過將硝化甘油浸泡在矽藻土（一種藻類）中來穩定硝化甘油。

阿爾弗雷德·諾貝爾

可怕！

硝化甘油

做好了，將它命名為「矽藻土炸藥」吧。

天啊，怎麼變成這樣！

留下遺言吧。

遺囑

諾貝爾發明的炸藥被用於戰爭並發了大財。然而也因為失去了許多生命而充滿罪惡感。

大約在諾貝爾去世前一年，他留下了遺囑，上面寫著：「希望設立一個基金，並將其分配給對人類做出重大貢獻的人。」因而後人根據這個遺囑，設立了包括和平獎在內的諾貝爾獎。

電話

發明 14

作為現代生活必需品的電話機，是從修理其他機器的偶然發現中產生的。

以發明電話聞名的<u>貝爾</u>（Alexander Bell）從多線路電信裝置獲得啟發，他在修理自己組裝的電信設備時，注意到聲音是通過電線傳輸的，於是開發了一種將聲音轉換為電流的電話。**貝爾不僅發明了電話，還構想了電話通信網絡**，並創設電信公司，在他的推動下，電話用戶數量穩步增長，通信方式產生了重大變化。

徹底改變通訊方式的電話

在貝爾之前，也有研究者想要發明電話，但貝爾是第一個想到以電線為媒介發送聲音的人。當電流通過電線時，連接在電線兩端的彈簧會發出噪音，便認定電線能夠傳遞聲音。

除了貝爾，伊利夏·葛瑞（Elisha Gray）和愛迪生也在研究電話。

貝爾

電線能傳遞聲音！

我要趕緊申請專利！

我是發明者。

僅晚了2小時而已就……

以改良電話機取得了專利。

愛迪生

貝爾

葛瑞

美國發明家葛瑞無法為發明電話申請專利，因為他申請的速度略慢貝爾2個小時。發明王愛迪生則比貝爾晚一年獲得了改良型電話的專利。

麻醉

發明
15

江戶時代的醫生比西方國家更早且成功地進行了麻醉手術。

世界上第一個成功進行麻醉手術的是日本人。江戶時代的醫師華岡青洲在因患有乳癌的妹妹病逝後，萌發了透過手術治癒乳癌的強烈願望。他發明了擁有數種草藥成分的麻醉劑——「通仙散」，其中包含據說在中國古代被用作麻醉劑的白花曼陀羅。比現代麻醉學的起源牙醫莫頓（William Morton）早了40年左右成功地進行麻醉手術。

日本人進行了世界首例成功的麻醉手術

華岡青洲失去了他患有乳癌的妹妹於勝。

閱讀了德國醫師海斯特（Lorenz Heister）的教科書，發現西方正在進行乳癌切除手術（無麻醉）。

得知一名被牛角刺傷而失去乳房的婦女，她的傷口已經癒合得很好。

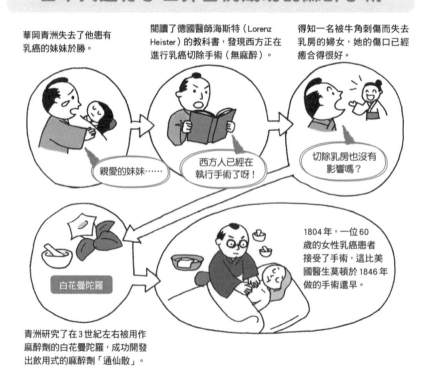

親愛的妹妹……

西方人已經在執行手術了呀！

切除乳房也沒有影響嗎？

白花曼陀羅

1804年，一位60歲的女性乳癌患者接受了手術，這比美國醫生莫頓於1846年做的手術還早。

青洲研究了在3世紀左右被用作麻醉劑的白花曼陀羅，成功開發出飲用式的麻醉劑「通仙散」。

發明 16 火箭

承載著人類上太空夢想的火箭，在各國科學家持續致力的研究中不斷進化。

俄羅斯科學家齊奧爾科夫斯基（Tsiolkovsky）是世界上第一個研究火箭的人。 1897年，他發表了關於火箭推進的「**齊奧爾科夫斯基火箭方程**」，而被譽為「現代火箭之父」的美國戈達德（Goddard）則於1926年進行了火箭發射實驗，德國的馮·布朗（Von Braun）接力在1942年發射了V2火箭。透過他們的努力，火箭持續在進化。

發明火箭，飛上太空

羅伯特·戈達德

美國火箭研究家，被譽為「現代火箭之父」，在齊奧爾科夫斯基的影響下，他製造出世界上第一枚正式規格的火箭。

我想幫助轉動進步的齒輪。

地球是人類的搖籃，但人類不會永遠停留在這裡。

昨日的夢想，今日的希望，明日的真實。

馮·布朗

進一步開發火箭的是德國的馮·布朗，他應軍方要求於1942年完成研製大型火箭V2，V2也被用作導彈武器。

康斯坦丁·齊奧爾科夫斯基

為俄羅斯科學家，被尊稱為「太空旅行之父」。除了發表至今仍用於火箭設計的「齊奧爾科夫斯基火箭方程」之外，他也是世界上首次闡述人造衛星理論的人。

重點小筆記

火箭發展擁有悠久的歷史，12世紀初在中國就被當作武器使用了。

08 發明

盤尼西林

拯救了許多人的抗生素——盤尼西林是在三位學者的接力研究中創造出來的。

世界上第一種<u>抗生素</u>——盤尼西林誕生於一次失敗的實驗，細菌學家弗萊明（Alexander Fleming）想培養出葡萄球菌未果，卻發現青黴菌分泌的液體溶解了細菌，於是將溶解細菌的物質命名為盤尼西林。之後，弗洛里（Howard Florey）和錢恩（Ernst Chain）成功地提取出盤尼西林。**1945 年，他們三位因拯救許多人的生命此一成就而獲得諾貝爾生理醫學獎。**

世界上第一種從黴菌製造出來的抗生素

弗萊明為了研究試圖培養葡萄球菌，但培養箱因會產生青黴菌導致培養失敗。

他接著發現青黴菌分泌的液體能溶解細菌，於是將此命名為盤尼西林。

> 唉呀，長出了青黴菌。

亞歷山大·弗萊明

> 哎呀，這個是？

> 你讀過那篇論文了嗎？

> 讀過了喔，可行性很高。

霍華德·弗洛里　恩斯特·錢恩

> 恭喜你們！

牛津大學的弗洛里及錢恩正在研究抗生素，兩人找到了弗萊明的論文，想知道青黴素是否可以實際投入使用。

研發成功的弗洛里和錢恩，再加上弗萊明，他們三人也因此獲得了 1945 年的諾貝爾生理醫學獎。

電腦

支撐著當今社會運作的電腦發展歷史始於可編寫程式的計算機。

世界上第一台計算機「伊尼亞克」（ENIAC）是於 1946 年在美國研發出來的。最初的目的是為了計算大砲彈道，而**人類需要 7 個小時才能完成的計算，伊尼亞克僅需 3 秒就能算出結果**。在伊尼亞克之前，英國數學家巴貝奇（Charles Babbage）在 19 世紀上半葉設計了一台可編程的計算機。從巴貝奇的計算機開始直至今日，電腦的發展歷史也會一直書寫下去。

從計算機的進化中誕生的電腦

巴貝奇，一位 19 世紀的英國數學家，設計出了一台機械式計算器。儘管當時由於財務和技術問題未能完成研究，他仍被尊稱為「計算機之父」。

這是我所構想的計算機。

查爾斯·巴貝奇

關於計算機的論文終於發表了。

英國數學家圖靈於 1936 年發表了關於計算機的論文（圖靈機）。巴貝奇的計算機是機械式的，而圖靈所設計的則是虛擬計算機。

艾倫·圖靈（Alan Turing）

終於成功研發出計算機了！

因為有計算機，所以成功製造出來了。

康拉德·楚澤（Konrad Zuse）

德國人楚澤於 1941 年以電力為動力，完成了可編程的計算機「Z3」。楚澤因採用巴貝奇原初的想法而受到讚譽。

普雷斯珀·埃克特（Pres Eckert）　約翰·莫奇利（John Mauchly）

美國人埃克特、莫奇利於 1946 年完成真空管計算機「伊尼亞克」，這是一台占有面積 170 平方公尺及重 30 噸的巨型機器。

Chapter 8

關鍵詞及關鍵人物
補充說明
發明

☑ 關鍵詞
以物易物 (P.166)

一種不使用貨幣，而是以物易物的交易方式。

☑ 關鍵詞
阿拉伯數字 (P.167)

諸如「1、2、3」之類的數字即稱為阿拉伯數字，然而，在阿拉伯被稱為「印度數字」而非阿拉伯數字，這是因為它起源於印度。

☑ 關鍵詞
成吉思汗 (P.168)

蒙古帝國的奠基人，其後裔征服亞洲和歐洲許多國家，建立了一個偉大的帝國。

☑ 關鍵詞
大航海時代 (P.169)

歐洲人航海以尋找新大陸的時代。

☑ 關鍵詞
辛尼卡 (P.170)

盧修斯‧阿奈烏斯‧辛尼卡（Lucius Annaeus Seneca）也被稱為小辛尼卡，以區別於他的父親老辛尼卡（Marx Annaeus Seneca）。

☑ 關鍵詞
美索不達米亞平原 (P.171)

在希臘語中，它的意思是「河流之間」，指的是底格里斯河與幼發拉底河之間的平原，是當今伊拉克的一部分。

☑ 關鍵詞
米爾 (P.172)

1714年第一個發明打字機的人，雖然取得了專利，但細節無法得知。

☑ 關鍵詞
瓦特 (P.173)

為蘇格蘭發明家，因改進蒸汽機為全球工業革命做出重大貢獻，他還發明了複印機並獲得了專利。

☑ 關鍵詞
詹納 (P.174)

現代免疫學之父，透過接種牛痘建立了預防天花的方法。

☑ 關鍵詞
伏打 (P.175)

電池之父。拿破崙的崇拜者，在發明電池後取得功績，被授予了獎牌、獎金和伯爵位階。

☑ 關鍵詞
拿破崙 (P.176)

拿破崙對瓶裝罐頭的發明做出了貢獻。他還參與了改進鉛筆的工作，今日仍然以當時的技術為基礎進行製造。

☑ 關鍵詞
珀金斯 (P.177)

雅各布‧珀金斯是一位美國發明家，他研發出製冰機，該機器運用了蘇格蘭醫生威廉‧卡倫製造的冷卻器。

☑ 關鍵詞
諾貝爾獎 (P.178)

該獎項始於 1901 年，根據阿爾弗雷德‧諾貝爾的遺囑設立。獎勵致力於物理學、文學、經濟學、化學、生理醫學以及和平這些領域之中做出卓越貢獻的人。

☑ 關鍵詞
貝爾 (P.179)

電話的發明者。在當時的電氣學理論中，常識都知道要將語音轉換為電能的設備是不可能的。據說他想出這個發明是因為他並非電氣學專家，因而不受常識束縛。

☑ 關鍵詞
華岡青洲 (P.180)

世界上首次使用全身麻醉成功進行手術的人。他還開發了一種麻醉劑，卻也因此付出了很大的代價，不僅失去親生母親，也造成妻子失明。

☑ 關鍵詞
齊奧爾科夫斯基火箭方程 (P.181)

根據此一公式才有辦法完成具體的火箭概念。

☑ 關鍵詞
抗生素 (P.182)

由微生物產生的，能抑制其他微生物生長的物質。

☑ 關鍵詞
巴貝奇 (P.183)

他發明了世界上第一台可編程的計算機，因而被稱為「計算機之父」，由於其複雜的設計，在他有生之年未盡完成。

索引

◉ 主要参考文献

1日1ページ、読むだけで身につく世界の教養365
デイヴィッド・S・キダー＆ノア・D・オッペンハイム 著／小林朋則 訳（文響社）

世界でいちばんやさしい 教養の教科書　児玉克順 著（学研プラス）

おとなの教養 私たちはどこから来て、どこへ行くのか？　池上彰 著（NHK出版新書）

一冊でわかる イラストでわかる 図解宗教史
塩尻和子・津城寛文・吉水千鶴子 監修（成美堂出版）

哲学大図鑑　ウィル・バッキンガムほか 著／小須田健 訳（三省堂）

図解 使える哲学　小川仁志 著（KADOKAWA中経出版）

眠れなくなるほど面白い 図解 宇宙の話　渡部潤一 監修（日本文芸社）

大学4年間の経済学が10時間でざっと学べる　井堀利宏 著（KADOKAWA中経出版）

面白いほどよくわかる 最新 経済のしくみ　神樹兵輔 著（日本文芸社）

基礎から応用までまるわかり 行動経済学入門　真壁昭夫 著（ダイヤモンド社）

カラー版　1時間でわかる西洋美術史　宮下規久朗 著（宝島社新書）

西洋音楽史「クラシック」の黄昏　岡田暁生 著（中公新書）

クラシック音楽全史 ビジネスに効く世界の教養　松田亜有子 著（ダイヤモンド社）

面白いほどよくわかる 発明の世界史　中本繁実 監修（日本文芸社）

30の発明からよむ世界史　池内了 監修／造事務所 編著（日経ビジネス人文庫）

10分で読める 発明・発見をした人の伝記　塩谷京子 監修（学研プラス）

◉ 日文版 STAFF

編輯	細谷健次朗、吉田涼（株式會社G.B.）
執筆協助	野村郁明、龍田昇、上野卓彦、小泉隆生
内文插圖	河合美波、Utsumi Chiharu、Akihiro Matsumura（松村設計工房）
封面插圖	BooTaku
封面／内文設計	別府拓、市川shinano（Q.design）
DTP	G.B.Design House

世界通用的素養學識：輕鬆透過圖解，快速掌握世界通用的基礎素養學識！
/ 福田和也監修；李雅婷、Kuri 譯 . -- 初版 . -- 臺中市：晨星出版有限公司，
2021.11
　面；　公分
　譯自：一流のビジネスマンなら知っておきたい！世界の教養見るだけノート
　ISBN 978-626-7009-76-5 （平裝）
　1. 常識手冊
　046　　　　　110014292

勁草生活 483

世界通用的素養學識：

輕鬆透過圖解，快速掌握世界通用的基礎素養學識！

一流のビジネスマンなら知っておきたい！世界の教養見るだけノート

監 修 者｜福田和也
譯　　者｜李雅婷、Kuri
責任編輯｜王韻絜
執行編輯｜陳品蓉
校　　對｜陳品蓉、王韻絜
封面設計｜戴佳琪
內頁排版｜林素華

創 辦 人｜陳銘民
發 行 所｜晨星出版有限公司
　　　　　407 台中市西屯區工業 30 路 1 號 1 樓
　　　　　TEL：04-23595820　FAX：04-23550581
　　　　　行政院新聞局局版台業字第 2500 號
法律顧問｜陳思成律師
出版日期｜2021 年 11 月 15 日 初版 1 刷
讀者服務專線｜（02）23672044 /（04）23595819#230
讀者傳真專線｜（02）23635741 /（04）23595493
讀者專用信箱｜service @morningstar.com.tw
網路書店｜http://www.morningstar.com.tw
郵政劃撥｜15060393（知己圖書股份有限公司）
印　　刷｜上好印刷股份有限公司

定　　價｜新台幣 350 元
ISBN 978-626-7009-76-5

歡迎掃描
QR CODE
填線上回函

ICHIRYUNO BUSINESSMAN NARA SHITTEOKITAI!
SEKAINO KYOUYOU MIRUDAKE NOTE
by
Copyright © KAZUYA FUKUDA
Original Japanese edition published by Takarajimasha, Inc.
Traditional Chinese translation rights arranged with Takarajimasha, Inc.
Through AMANN CO., LTD.
Traditional Chinese translation rights © 2021 by Morning Star Publishing Co., Ltd.